Herbert Feldkamp

Wein hausgemacht

Eigener Wein aus Trauben, Obst, Kräutern und Blüten

LUDWIG

Arbeitsutensilien für die hauseigene Weinproduktion.

Traditionelle Obsternte auf dem Land.

Reife Weinrebe vor der Lese.

Vorwort

Ein Hobby und noch viel mehr

Bald werden Sie selbst feststellen, Wein zu keltern ist weit mehr als nur ein Hobby. Gerade heute, da unsere Nahrungsmittel nur noch Massenware sind, da Aussehen, Haltbarkeit und Gewinne die einzigen Herstellungskriterien zu sein scheinen, da Äpfel in Hamburg genauso schmecken wie in Sydney und die Liste der Inhaltsstoffe für den Verbraucher kaum noch verständlich ist, verschafft der Genuss eines Lebensmittels, von dem man weiß, was es enthält und wie es hergestellt wurde, eine ganz besondere Befriedigung. Denn stellen Sie sich einmal den Augenblick vor, in dem Sie die erste, selbst zubereitete Flasche Wein öffnen, wie Sie das unverwechselbare Aroma der Früchte schmecken und feststellen: Der Wein ist gelungen. Freude, Begeisterung und Stolz werden Sie erfüllen. Sie selbst haben es vermocht, aus einem Korb Äpfel einen vorzüglichen, naturreinen und gesunden Wein herzustellen. Keine gekaufte Flasche, und mag es ein noch so guter und edler Tropfen sein, wird jemals diese Gefühle in Ihnen hervorrufen können.

Antike Funde und Überlieferungen bezeugen, dass Wein seit jeher sowohl als Getränk als auch als religiöses Symbol – speziell im Christentum als »Blut Christi« – eine große Rolle spielte.

Von der Antike … bis zur Reblaus

Wein war übrigens *das* Getränk der Antike, weil es billig herzustellen war. Bereits 3500 v. Chr. wurde in Vorderasien und Ägypten Wein angebaut. Die Griechen kannten den Weinbau schon vor 1000 v. Chr. und verbreiteten ihn im gesamten Mittelmeerraum. Die Römer führten diese Tradition zur Versorgung ihrer Truppen in Britannien und Burgund sowie an Rhein und Mosel fort.

Anlässlich der Christianisierung durch die Benediktinerklöster im frühen Mittelalter fand der Weinbau stärkste Verbreitung bis hin nach Skandinavien und Litauen, um die Versorgung mit »Messwein« sicherzustellen. Durch den Dreißigjährigen Krieg im 17. Jahrhundert erlitt der Weinbau in Europa schwere Rückschläge. Und 1874 vernichtete die aus Amerika nach Frankreich und Deutschland geschleppte Reblaus für lange Zeit weite Gebiete des europäischen Weinbaus.

Keine Angst vor dem Beginn

Für unsere Großeltern war die Zubereitung von Wein keine Kunst, die man womöglich erst umständlich erlernen musste, sondern etwas Selbstverständliches. Jede Familie, die über einen eigenen Garten und Obst verfügte, verstand sich darauf.
Erst in den letzten Jahrzehnten sind diese Kenntnisse mit der zunehmenden Verstädterung und der industrialisierten Lebensmittelherstellung verloren gegangen.
Doch was Ihre Großeltern konnten, können auch Sie wieder erlernen. Dieser Ratgeber möchte Ihnen hierbei Schritt für Schritt helfen.

Ab sofort können Sie die Spirituosenabteilung im Supermarkt links liegen lassen – denn Sie machen sich schließlich Ihren eigenen Wein, der unvergleichlich besser schmeckt.

Über diesen Ratgeber

Der Ratgeber umfasst insgesamt drei Teile. Sollten Sie zu den Menschen gehören, die am liebsten gleich die Ärmel hochkrempeln und mit der Arbeit beginnen wollen, dann können Sie nach dem ersten Teil bereits Ihren ersten eigenen Wein keltern, denn hier wird für den eiligen Praktiker die Zubereitung eines einfachen, aber gut trinkbaren Apfelweins beschrieben.
Der zweite Teil befasst sich detailliert mit der Herstellung von Fruchtweinen, beschreibt die erforderlichen Geräte, Zutaten und Arbeitsschritte. Zahlreiche Rezepte werden angeboten: vom Birnendessertwein über Gemüsewein bis hin zum Honigwein.
Nach dem dritten Teil vermögen Sie sich und Ihren Freunden »reinen« Wein einzuschenken, denn aufbauend auf den zweiten Teil wird hier das Keltern von Wein aus Trauben dargestellt.
Sie werden staunen, mit welch geringem Aufwand Sie zum Hobbywinzer werden können.

Der erste eigene Wein

Wein keltern ist eine Kunst, die schon im Altertum beherrscht wurde. Mit Hilfe dieser Anleitung werden auch Sie bald ein Künstler auf diesem Gebiet sein können.

Schon mit einer einfachen Grundausstattung an Geräten lässt sich in hauseigener Produktion ein wohlschmeckender Apfelwein herstellen.

Wein zu Hause keltern

Für die Griechen des Altertums war Wein nicht nur ein berauschendes Getränk, sondern ein Gott, nämlich Dionysos selbst, der zeitweilig mehr verehrt wurde als der Lichtgott Apoll. Noch bei den Römern, die den Weinanbau bis in die germanischen Gefilde trugen, war der Gott Bacchus für den Wein zuständig.

Die Bezeichnung Wein bezieht sich korrekterweise nur auf den vergorenen Traubensaft, denn allein die Weintraube verfügt über genügend eigene Süße und Säure, um den geforderten Alkohol- und Säuregehalt zu erreichen.

Was ist Wein?

Für uns heute ist Wein ein Getränk, das durch alkoholische Gärung aus dem Traubensaft der Weinrebe gewonnen wird. Im erweiterten Sinn zählen auch die durch alkoholische Gärung anderer pflanzlicher Produkte gewonnenen Getränke wie Obst- und Gemüsewein, Reis-, Hirse- oder Palmwein zu den Weinen.
Während der Gärung wird der im Traubensaft vorhandene Zucker etwa zu gleichen Teilen in Alkohol und Kohlendioxid umgewandelt. Verantwortlich dafür sind Hefen. Sie kommen in der Natur in großen Mengen frei vor und »leben« auf der Erde, auf Blättern und auf Früchten. Obwohl diese natürlichen Hefen die Spontangärung einleiten, sind sie für die gezielte Gärung des Mostes oder der Maische nicht erwünscht. Sie können Alkohol nur bis etwa acht Prozent bilden und benötigen für diesen Prozess Sauerstoff. Sauerstoff jedoch stört die Weinzubereitung, indem er das Wachstum von schädlichen Bakterien und anderen Mikroorganismen fördert, die den Wein ungenießbar machen. Um das zu verhindern, wird das Wirken der natürlichen Hefen unterdrückt; stattdessen verwendet man für die Gärung speziell hierfür entwickelte Reinzuchthefen (Weinhefen). Die Reinzuchthefen arbeiten ohne Sauerstoff. Sie sind reine Naturprodukte, die jedoch eine wesentlich höhere Alkoholbildung erlauben.
Neben dem Alkohol und dem Kohlendioxid bilden sich bei der Gärung eine Vielzahl von anderen Substanzen wie Glyzerin, Fuselöle,

Weinsäure, Apfelsäure, Bernsteinsäure, Milchsäure, Gerb- und Farbstoffe etc. Die Art und Menge dieser Substanzen variiert mit der Qualität des Mostes, der Hefe und dem Ablauf der Gärung. Sie sind für den Geschmack und die Qualität des Weins von Bedeutung.

Wein ist übrigens ein Lehnwort aus dem Lateinischen (»vinum«). Nicht umsonst waren die alten Römer die Erfinder der bekanntesten Trinksprüche.

Welche Getränke heißen Wein?

- **Weißwein** wird aus dem Saft/Most weißer Weintrauben hergestellt.
- **Rotwein** wird im Maischegärverfahren aus roten Trauben gekeltert. Der Farbstoff wird dabei aus der Schale gewonnen, denn der Saft der roten Trauben selbst ist hell.
- **Roséwein** wird wie Weißwein zubereitet. Der Saft wird jedoch nicht sofort, sondern erst nach einigen Stunden von der Maische abgepresst, damit man die Farbstoffe aus der Schale der Trauben gewinnt.
- **Fruchtwein** wird aus Obst, Gemüse, Blüten, Kräutern, Honig oder Korn hergestellt. Da das Rohmaterial in der Regel nicht über die gewünschte Eigensüße und Säure verfügt, wird er bis auf wenige Ausnahmen aus einer Mischung von Saft oder Maische und Zuckerwasser zubereitet.
- **Obstwein** ist im Prinzip das Gleiche wie Fruchtwein. In einigen Regionen allerdings versteht man darunter nur den Wein, der aus Äpfeln oder Birnen gewonnen wird.
- **Most** wird in der Fachsprache nur der unvergorene Traubensaft genannt. In Süddeutschland, Österreich und der Schweiz wird auch vergorener Fruchtsaft Most genannt.
- **Perlwein** ist ein Wein, der nachträglich noch mit Kohlensäure angereichert wird.
- **Tischwein** ist ein ausgegorener Traubenwein mit etwa elf Prozent Alkoholgehalt.
- **Schaumwein** oder Sekt ist ein alkoholisches Getränk, bei dem ein Grundwein durch ein besonderes Verfahren in der Flasche oder im Tank ein zweites Mal vergärt wird, wodurch die so angenehm prickelnde Kohlensäure entsteht.
- **Dessertwein** ist ein süßer, schwerer Wein, der durch Zugabe von Zucker verbessert wurde.
- **Sherry** und **Portweine** sind verstärkte Weine. Sie werden durch Zugabe von Branntwein auf 18 bis 20 Prozent verstärkt.
Der Branntwein wird kurz vor Beendigung der Gärung zugegeben. Er tötet die Gärhefe und beendet den Gärprozess. Mit dieser Methode können auch Fruchtweine verstärkt werden.
- **Cidre** ist Apfelwein aus der Normandie mit einem Alkoholgehalt von etwa sechs Prozent Vol.

Der Wein und seine Qualitätsklassen

- **Tafelwein:** leichter Schoppenwein mit einem Alkoholgehalt von mindestens 8,5 Prozent Vol. Wird aus zugelassenen Trauben verschiedener Tafelweinanbaugebiete verschnitten.
- **Deutscher Landwein:** qualitativ höherer Tafelwein, der nur aus Trauben eines bestimmten Anbaugebiets gekeltert werden darf. Alkoholgehalt etwa 0,5 Prozent Vol. höher.
- **Qualitätswein (Q. b. A.):** hochwertiger Wein, der aus Trauben eines bestimmten Anbaugebietes gekeltert sein muss, z. B. Mosel-Saar Ruwer. Der Alkoholgehalt liegt bei sieben Prozent Vol.
- **Qualitätswein mit Prädikat:** Wein von höchster Qualität, der nicht mit Zucker angereichert werden darf. Prädikate: Kabinett, Spätlese, Auslese, Beerenauslese, Trockenbeerenauslese und als zusätzliches Prädikat Eiswein.
- **Fruchtweine:** aus Obst zubereitete Weine. Für sie gibt es keine entsprechenden Klassifizierungen.

Kann ein Hobbywinzer überhaupt guten Wein herstellen?

Die Antwort lautet ganz eindeutig: Ja, natürlich. Sie brauchen dazu nicht Kellerwirtschaft gelernt zu haben. Das Einzige, was Sie mitbringen sollten, sind Phantasie, Neugierde, Freude am Experimentieren und Geduld. Nichts führt bei der Weinzubereitung schneller zum Misserfolg als Hektik und Eile. Und noch etwas: Was immer Sie tun, arbeiten Sie so sorgfältig wie möglich und achten Sie auf peinlichste Sauberkeit. Denn die Erfahrung lehrt, dass nahezu jeder ungenießbare Wein verdarb, weil es entweder an Geduld, an Sorgfalt oder an Sauberkeit mangelte.

Die Worte Geduld, Sorgfalt, Sauberkeit könnten Sie als Gedächtnisstütze auf ein Stück Pappe schreiben und es beim Keltern über Ihren Arbeitsplatz hängen.

Privates Weinkeltern und das Gesetz

Solange Sie Ihren Wein nicht vermarkten, dürfen Sie ihn nach Lust und Laune herstellen. Weingesetz oder Lebensmittelrecht gelten dann nicht für Sie. Nur wenn Sie Ihren Wein vermarkten wollen, müssen Sie alle gesetzlichen Verordnungen beachten.

Wozu ein Weinkeller?

Natürlich ist ein Weinkeller ideal, besonders zur Lagerung des Weins. Doch für die Weinzubereitung können Sie jeden erdenklichen Ort wählen. Kleine Mengen können Sie in der Küche, im Gäste- oder Arbeitszimmer ansetzen, vorausgesetzt, der leichte Gärgeruch stört Sie nicht. Auch ein ausrangierter Garderobenschrank kann ausreichen. Wichtig ist nur, dass Sie einen Platz finden, an dem die Hefe im Gärgefäß ungestört ihrer Arbeit nachgehen kann. Essig, Reinigungsmittel, schmutzige Wäsche oder Altöl sollten Sie nicht in der Nähe lagern. Der Platz sollte abgedunkelt sein. Das können Sie leicht erreichen, indem Sie ein Tuch über den Behälter legen oder einen großen Karton darüber stülpen. Stellen Sie dabei sicher, dass die Gärgase ungehindert entweichen können.

Bauen Sie einfach Ihren Keller zum Weinkeller um – mit einem elektrischen Radiator sorgen Sie für eine gleichbleibende Gärtemperatur.

Die richtige Lagerung

Verfügen Sie nur über einen kühlen Keller, so bauen Sie einen Verschlag, den Sie anschließend mit einem tragbaren elektrischen Radiator beheizen. Sie können aber auch Kaltgärhefe, eine Reinzuchthefe, verwenden, die schon bei niedrigen Temperaturen vergärt. Ich rate generell aber eher zum Heizen. Denn um den Wein nach der Gärung zu lagern, ist der kühle Keller von Vorteil. Die Lagertemperatur sollte dann zwischen 8 und 12 °C betragen. Achten Sie darauf, dass der Keller gut durchlüftet ist und keine stark riechenden Gegenstände in der Nähe des Weins stehen. Der Wein ist nämlich gerade in der Anfangslagerphase sehr empfindlich und könnte verderben.

Die richtige Temperatur zum Gären

Während des Gärens sollte der Gärbehälter an einem Platz stehen, an dem eine gleichbleibende Temperatur von möglichst 20–25 °C herrscht. Die Temperatur darf nicht unter 8–10 °C absinken, da der Gärvorgang sonst gehemmt wird oder gar nicht erst startet. Temperaturen von über 25 °C müssen ebenfalls vermieden werden, weil sie der Gärhefe schaden.

Die Grundausstattung an Geräten

Das hängt ganz von Ihren Ansprüchen ab, doch für den Anfang genügen ein paar Grundgeräte, die weiter unten beschrieben werden. Später, wenn Sie Experte sind und dieser Ratgeber längst in Ihrem Regal verstaubt, können Sie sich alles anschaffen, was Ihr Herz begehrt. Sie kennen dann Ihre Bedürfnisse aus eigener Erfahrung und sind nicht mehr auf den Rat anderer angewiesen.

In Fachgeschäften werden verschiedene »Stammbaumhefen« wie Steinberg, Malaga, Bordeaux, Burgund und Champagner angeboten.

Die richtige Hefe

Zur Anwendung kommen nur besondere Weinhefen. Keine Angst, es sind keine Chemie-, sondern Naturprodukte, die unter Ausschluss von Sauerstoff arbeiten und in Drogerien gekauft oder über den Weinbedarfshandel bezogen werden können. Da die Hefen die Aromabildung des Weins unterstützen, gibt es für die verschiedenen Obstsorten jeweils entsprechende Hefen. Lassen Sie sich im Fachhandel beraten, welche Hefe für Ihr Obst geeignet ist.

Weinhefe ist als Flüssighefe und als Trockenhefe erhältlich. Beide Hefen arbeiten am besten bei Temperaturen von 20–25 °C. Bei Flüssighefen gibt es eine größere Artenvielfalt als bei Trockenhefen. Doch diese müssen vor der Verwendung angesetzt werden, damit sie sich ausreichend vermehren können. Diese Zeit müssen Sie bei Ihrer Arbeitsplanung berücksichtigen.Trockenhefen dagegen können sofort eingesetzt werden. Es sind nur geringe Mengen (im Grammbereich) erforderlich. Übrig gebliebene Hefe kann problemlos aufgehoben werden, sofern sie trocken gelagert wird. Nach dem angegebenen Verfallsdatum sollte sie jedoch nicht mehr verwendet werden. Um den Gärbeginn zu beschleunigen, kann die Trockenhefe kurz vor ihrer Verwendung in etwas lauwarmem Wasser angesetzt werden. Sie nimmt dabei die bei der Trocknung entzogene Flüssigkeit wieder auf. Dazu reichen 15 bis 30 Minuten aus. Danach wird die gequollene Hefe in den Gärbehälter gegeben. Schon nach kurzer Zeit können Sie dann die beginnende Gärung beobachten.

Einen einwandfreien Gärverlauf garantiert die Weinhefe, wenn sie in der richtigen Dosierung bei einer Temperatur von 20–25 °C eingesetzt wird. Ist der ganze Zucker in Alkohol umgewandelt oder der Alkoholgehalt sehr gestiegen, stirbt die Hefe ab. Die abgestorbene Hefe sinkt dann nach unten und setzt sich zusammen mit anderen Trubstoffen als Belag am Boden ab. Es gibt zahlreiche Arten von Keimen, Bakterien und Hefepilzen, die die Gärung so weit verändern können, dass der gärende oder vergorene Saft ungenießbar wird. Sorgen Sie deshalb für optimale Rahmenbedingungen (Temperatur, Sauberkeit).

Der Milchsäurestich ist ein typischer Fehler bei säurearmen Mosten, die zu warm vergoren werden. Statt Alkohol wird hier Milchsäure gebildet, was bewirkt, dass der Most nach Sauerkraut riecht.

Sauberkeit als oberstes Gebot

Bei der Weinherstellung ist Sauberkeit oberstes Gebot. Denn ein Heer von Mikroorganismen, Keimen, Bakterien und Pilzen wartet nur darauf, sich auf den Wein zu stürzen. Bieten Sie diesem Heer auch nur die kleinste Chance, ist Ihr Wein verdorben.

Vorsicht vor Keimen, Bakterien und Hefen

- **Essigbakterien:** Sie leben in der sauerstoffreichen Luft. Ihr Transportmittel sind winzige Essigfliegen. Während der Gärung halten sie sich zurück, danach fallen sie über den Jungwein her und zersetzen den Alkohol in Äthylazetat und Essigsäure.
- **Kahmhefe:** Sie wird aktiv, wenn nach der Gärung Sauerstoff an den Jungwein gelangen kann. Der Befall ist daran zu erkennen, dass sich auf der Weinoberfläche kleine weiße Punkte bilden, die sich schnell zu einer geschlossenen weißen Decke verdichten. Die Qualität des Weins ist dahin!
- **Schleimhefen:** Sie befallen säurearme und gerbstoffreiche Weine. Sie bilden lange Fäden, die den Wein dickflüssig wirken lassen.
- **Milchsäurebakterien:** Milchsäure ist Freund und Feind zugleich. Milchsäure, die sich aus Apfelsäure bildet, ist erwünscht. Sie kann auch dazu benutzt werden, säurearme Obstsäfte aufzubessern. Milchsäure, die sich am Ende der Gärung bei hohen Temperaturen aus Kohlenhydraten bildet, ist dagegen für jeden Wein schädlich. Von Milchsäurebakterien befallen, schmeckt Wein bitter wie Medizin oder Sauerkraut.

Was tun, wenn der Wein verdorben ist?

Weinen Sie dem verdorbenen Wein keine Träne nach, sondern kippen Sie ihn einfach weg. Am Anfang wird Ihnen das hin und wieder passieren. Daher ist es ratsam, erst einmal kleine Mengen Wein anzusetzen. Fünf Liter wegzuschütten schmerzt weit weniger als 50 Liter. Seien Sie aber dennoch nicht gar zu schnell mit dem Wegschütten. Nicht selten braucht der Wein nur noch etwas mehr Zeit zum Reifen. Lassen Sie ihn liegen und probieren Sie ihn in einem halben Jahr noch einmal. Ist Ihr Wein jedoch tatsächlich verdorben, dann haben sich irgendwo und irgendwann schädliche Bakterien, Hefen oder Pilze in den Wein geschmuggelt. Verzagen Sie deshalb nicht, sondern wagen Sie sich einfach an einen neuen Versuch!
Später, wenn Sie mehr Erfahrung gesammelt haben, können Sie durch gezielte Maßnahmen versuchen, den Ihnen lieb gewordenen Wein zu retten.

Fangen Sie mit kleinen Mengen an und steigern Sie sich im Lauf der Zeit, wenn Sie etwas mehr Routine haben.

Ist Schwefeln notwendig?

Über das Für und Wider des Schwefelns streiten sich die Experten. Diese Diskussion möge hier unbeachtet bleiben. Aber ich möchte Ihnen im Folgenden darlegen, welche Vor- und Nachteile das Schwefeln von Wein hat. Dann können Sie selbst entscheiden, ob Sie Ihren Wein schwefeln wollen oder nicht. Schwefeln dient zur Konservierung des Weins. Bis heute gibt es kein anderes Mittel, das so zuverlässig wirkt wie Schwefel. Gekaufter Wein ist immer geschwefelt, denn niemand kann voraussehen, wie lange der Wein lagert, bevor er getrunken wird. Entscheiden Sie sich für das Schwefeln, dann wird es Sie vom Reinigen der Geräte bis zum Abfüllen des Weins auf Flaschen begleiten. Auf jeden Fall sollten Sie den Schwefeleinsatz so gering wie möglich halten.
Falls Sie auf Schwefelung verzichten wollen, müssen Sie sich auf Mehrarbeit einrichten. Es gibt zwar Ersatzstoffe, aber diese erfordern eine so aufwendige Kellertechnik, dass sich unvermeidlich die Frage nach dem Aufwand-Nutzen-Verhältnis stellt.

Richtig schwefeln

Schwefel wird benötigt, um

- die störenden Mikroorganismen im Wein zu töten
- die Ausbreitung von Oxidationsenzymen und damit das Braunwerden des Weins zu verhindern
- bei der Klärung des Weins mitzuhelfen
- den Wein für eine lange Lagerung zu stabilisieren, damit er gut haltbar bleibt

Als Hobbywinzer schwefeln Sie mit Kaliumdisulfit ($K_2S_2O_5$). Sie können es in Weinbedarfsgeschäften oder Drogerien kaufen. Es ist in Tablettenform, jeweils zu ein Gramm pro Tablette, oder lose als Pulver im Handel erhältlich. Aus einer Tablette Kaliumdisulfit gewinnen Sie 50 Prozent Schwefeldioxyd, also 10 Tabletten à 1 g = 10 g ergeben fünf Gramm Schwefeldioxyd.

Achten Sie beim Reinigen der Geräte möglichst darauf, dass Sie die Schwefeldämpfe nicht einatmen. Sie könnten Ihrer Gesundheit schaden.

Wie und was wird geschwefelt?

Kaliumdisulfit wird zum Sterilisieren aller erforderlichen Geräte verwendet. Dazu wird eine zweiprozentige Schwefellösung hergestellt. Nehmen Sie auf einen Liter Wasser 40 Gramm Kaliumdisulfit (40 Tabletten) und fügen Sie zwei Gramm Säure, Zitronensäure oder Milchsäure hinzu. Die Säure ist notwendig, um das Schwefeldioxyd zu aktivieren und die schädlichen Keime, Bakterien etc. abzutöten.

Aus 40 Gramm Kaliumdisulfit werden wie gesagt nur 20 Gramm Schwefeldioxyd gewonnen. Zerdrücken Sie die Tabletten zu feinem Pulver, lösen Sie sie in Wasser auf und fügen Sie die Säure hinzu. Spülen Sie alle Geräte sorgfältig damit. Lassen Sie die Geräte gut abtropfen und spülen Sie anschließend mit sauberem Wasser nach. Einige Hobbywinzer verzichten auf das Nachspülen mit Wasser und nutzen die geringe Schwefelmenge, die an den Geräten haften bleibt, als willkommenes zusätzliches Sterilisationsmittel bei der weiteren Verarbeitung. Reinigen Sie die Geräte immer kurz vor dem Gebrauch, damit sich nach dem Klarspülen, sofern Sie es tun, nicht erneut schädliche Bakterien ansiedeln. Zur Aufbewahrung füllen Sie die Flüssigkeit in eine Flasche, die Sie sorgfältig verschließen und deutlich mit »Vorsicht Gift« beschriften. Verstauen Sie die Flasche für weitere

Reinigungsarbeiten an einem sicheren Ort. Solange die Lösung nach Schwefel riecht, kann sie verwendet werden. Auch Fruchtsaft oder Maische können geschwefelt werden, um die schädlichen Mikroorganismen in ihrer Ausbreitung zu hemmen oder sie abzutöten. Der Schwefelzusatz behindert die Arbeit der Reinzuchthefen nicht. Zum Schwefeln wird hierzu eine Tablette (ein Gramm) Kaliumdisulfit auf zehn Liter Fruchtsaft/Maische genommen. Manche Hobbywinzer nehmen weniger Schwefel, halbieren sogar die Richtwerte, um die gesundheitliche Belastung so gering wie möglich zu halten. Inwieweit das sinnvoll ist, kann nicht bewertet werden. Es hängt ganz davon ab, wie sauber Sie arbeiten und wie gut bzw. gesund die verwendeten Früchte sind. Generell sei festgestellt: Je fauliger die Früchte sind, desto höher muss geschwefelt werden. Jungwein, das ist der Wein, der nach der ersten Gärung von der Hefe abgezogen worden ist, wird ebenfalls mit einer Lösung aus einem Gramm Kaliumdisulfit pro zehn Liter geschwefelt. Der Schwefel tötet alle Mikroorganismen ab, die sich beim Abfüllen eingeschlichen haben, und hilft beim Klären des Weins. Vor der Flaschenabfüllung sollte der Wein noch einmal mit der gleichen Menge Kaliumdisulfit geschwefelt werden. Das Gleiche gilt, wenn der Wein zusätzlich filtriert werden muss. Derzeit gibt es zu Schwefeln noch keine vergleichbar gute Konservierungsalternative. Schwefel beeinträchtigt nicht den Geschmack des Weins, sondern hebt ihn sogar. Mit Schwefel werden Mängel im Herstellungsverfahren toleriert, denn er garantiert nahezu, dass auch der ungeübtere Hobbywinzer einen guten Wein keltern kann.

Wenn ein Wein nach faulen Eiern schmeckt, deutet das auf eine Überschwefelung hin. Eine Besserung – aber keine Beseitigung – erreichen Sie durch eine gute nachträgliche Belüftung des Weins.

Schwefeln und Gesundheit

Nachgewiesenermaßen schadet Schwefel der Gesundheit. In größeren Mengen wirkt er sich nachteilig auf den Vitaminhaushalt im Körper aus. Nicht wenige Menschen reagieren sogar allergisch auf Schwefelzusätze. Doch es geht auch ohne Schwefeln. Voraussetzung dafür ist allerdings, dass Sie klinisch sauber arbeiten, nur die besten Früchte nehmen, alle Arbeiten zügig durchführen und den Wein nicht länger als zwei Jahre lagern.

Vom Apfelsaft zum ersten eigenen Wein

Ihr erster eigener Wein soll ein einfacher, aber trotzdem schmackhafter Apfelwein werden. Als Rohstoff dient gekaufter Apfelsaft. Dadurch muss keine Obstmühle oder Presse angeschafft werden. Vermutlich wissen Sie jetzt noch nicht, ob Sie an diesem wunderschönen Hobby so Gefallen finden werden, dass Sie es weiter vertiefen möchten. Später jedoch, wenn Sie Ihren eigenen Wein probiert haben, können Sie sich ja mit den entsprechenden Geräten ausstatten. Für das Keltern des Apfelweins genügen ein paar einfache Geräte.

Für Apfelwein haben wir uns deswegen entschieden, weil er »gutmütig« in der Herstellung ist, leicht gärt und immer gelingt, sofern Ihnen keine leichtsinnigen Fehler unterlaufen. Der erste Weinansatz soll fünf Liter betragen.

Apfelwein ist der meistgetrunkene Obstwein. Der »Apfelwein« ist vor allem in Schwaben beliebt, der »Äppelwoi« ist in Hessen zu Hause.

Was Sie alles zum Keltern benötigen

Die Grundlagen des Weinkelterns sind Ihnen nun bekannt. Im Folgenden werden die einzelnen Grundschritte der Weinzubereitung am Beispiel des Apfelweins ausgeführt.

Der geeignete Ort

Die Anforderungen an den geeigneten Ort sind ja bereits angeklungen. Falls Sie noch auf der Suche nach einem geeigneten Platz in ihrer Wohnung sind, bedenken Sie dabei folgende vier Punkte:

1 Der Platz sollte nach Möglichkeit warm sein. Für Apfelwein reicht eine Temperatur von 15 – 20 °C. Während der ersten Tage besser um 20 °C, damit der Saft schnell zu gären beginnt. Danach sollte er bei etwa 15 °C weiter gären.

2 Der Raum sollte sauber und belüftbar sein. Die über den Gäraufsatz ausweichenden Gase riechen – nicht sehr, aber immerhin wahrnehmbar.
3 Der Wein sollte dunkel stehen. Im Notfall legen Sie ein Tuch über den Behälter oder stülpen einen Pappkarton darüber. Achten Sie aber darauf, dass die Gärgase ungehindert entweichen können.
4 Ein guter Ort für die erste Phase des Gärens ist beispielsweise der Heizungskeller, sofern er nicht nach Öl riecht, oder das Gästezimmer, falls Sie in den nächsten Wochen keinen Besuch erwarten.

Im Glas können sich keine Mikroorganismen unbemerkt einnisten. Außerdem beeinflusst Glas weder Geruch noch Geschmack des Weins – und Sie können den Gärvorgang gut beobachten.

Die erforderlichen Grundgeräte und Materialien

Was Sie an Geräten oder Hilfsartikeln benötigen, sei im Folgenden aufgeführt:
1 Zwei Fünf-Liter-Glasballons. Sie kosten pro Stück unter zehn Mark. Zunächst genügen aber auch Plastikcontainer, wie sie z. B. in manchen Ländern für Trinkwasser verwendet werden.
2 Zwei Gäraufsätze (Neßler'sche Röhre, Hobby- oder Duplexaufsatz) mit dem dazugehörigen Gummistopfen (mit Loch für Gäraufsatz). Gäraufsätze und Korken können Sie für wenig Geld in Drogerien oder im Weinfachhandel bekommen. Zur Not kann auch eine kräftige Kücheneinwickelfolie aus Kunststoff (Größe etwa zehn mal zehn Zentimeter) und ein Gummiband genommen werden.

Zur Grundausstattung gehören Glasballons (links) und Gäraufsätze mit Gummistopfen, die Sie im Weinfachhandel kaufen können (rechts).

Für das Abziehen des Jungweins benötigen Sie Flaschen (links) und die dazugehörigen Korken. Eine Korkmaschine (rechts) erleichtert das Verkorken der Flaschen.

3 Ein Plastiktrichter, der für Lebensmittel geeignet ist. Er sollte zuvor nicht zum Essigumfüllen benutzt worden sein.
4 Einen ein bis eineinhalb Meter langen Plastikschlauch, im Weinfachhandel oder in einem Aquariengeschäft erhältlich.
5 Sieben gebrauchte Weinflaschen à 0,75 Liter oder fünf Weinflaschen à ein Liter.
6 Ein Beutel neuer Korken, passend für die Flaschen.
7 Eine einfache Korkmaschine zum Preis von etwa 15 Mark, erhältlich im Weinfachhandel. Sie können die Flaschen auch mit einem Gummi- oder Holzhammer verkorken, was jedoch sehr mühsam ist.

Wenn Sie den Apfelsaft nicht selbst auspressen, sollten Sie beim Kauf des Safts auf Naturreinheit achten.

Zutaten für hausgemachten Apfelwein

Für fünf Liter Apfelwein werden benötigt:
4,2 l naturreiner Apfelsaft
12 g Zitronensäure (aus Apotheke oder Weinfachhandel)
0,5 l Wasser
0,5 kg Zucker
1 g Hefenährsalz
1–2 g Trockenhefe (aus dem Weinfachhandel)
0,5 l 2-prozentige schweflige Säure (aus der Apotheke oder selbst hergestellt aus Kaliumdisulfit, siehe Seite 14)
1,5 g Kaliumdisulfit (nicht erforderlich, aber zu empfehlen)

Die Zubereitung in drei Hauptphasen

Suchen Sie sich eine Zeit aus, in der Sie nicht gestört werden können. Und dann machen Sie sich mit Lust und Muße an die Arbeit.

Bei der Reinigung der Ballonflasche sollten Sie äußerst penibel sein. Selbst kleinste Partikelchen könnten später den Wein verderben lassen.

Erste Phase

1 Lösen Sie den Zucker in heißem Wasser auf und lassen Sie das Wasser abkühlen.

2 Reinigen Sie äußerst sorgfältig die Ballonflasche oder den Plastikbehälter mit einer Flaschenbürste. Jedes noch so kleine Schmutzteilchen muss entfernt werden. Anschließend spülen Sie den Behälter gründlich mit klarem Wasser nach. Danach reinigen Sie den Trichter, den Gärverschluss und den Gummistopfen auf dieselbe Weise.

3 Setzen Sie die Trockenhefe mit einer Tasse lauwarmem Wasser (nicht über 30 °C) an. Anschließend abdecken und stehen lassen.

4 Zerdrücken Sie die Tablette des Hefenährsalzes in einem Löffel.

5 Desinfizieren Sie die Ballonflasche oder den Plastikbehälter mit der zweiprozentigen schwefligen Säure. Geben Sie zwei Gramm Zitronensäure zur schwefligen Säure und schütten Sie die Säure mit Hilfe des Trichters in den Ballon oder in den Behälter und schwenken Sie diesen so, dass die Säure die gesamte Innenseite des Ballons oder des Behälters bespült. Danach gießen Sie die Säure in einen Plastikbehälter und sterilisieren den Trichter, den Gärverschluss und den Gummistopfen. Die Ballonflasche oder den Plastikbehälter und den Trichter lassen Sie nur abtropfen. Die geringen Schwefelrückstände in dem Behälter dienen gleichzeitig zur Behandlung des Weins.

6 Bewahren Sie die Säure in einer mit »Vorsicht Gift« beschrifteten Flasche auf. Solange die Säure nach Schwefel riecht, kann sie verwendet werden. Achten Sie bei den Arbeiten darauf, dass Sie die Schwefeldämpfe nicht einatmen.

7 Wenn Sie gegen Schwefel allergisch sind, dürfen Sie die schweflige Säure nicht verwenden. Sie sollten ein anderes, für Flaschen geeignetes Desinfektionsmittel (aus Drogerie oder Apotheke) benutzen. Zur Not geht es auch ohne Desinfektionsmittel.

1 *Zu Beginn lösen Sie den Zucker in einem Gefäß mit heißem Wasser auf.*

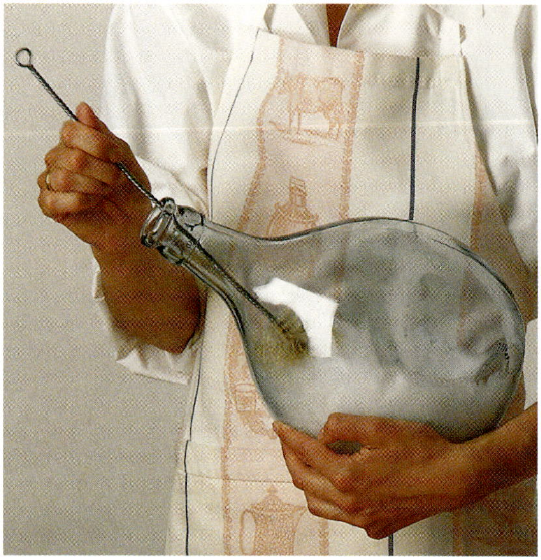

2 *Reinigen Sie die Ballonflasche gründlich mit einer Flaschenbürste.*

3 *Setzen Sie die Trockenhefe in einer Tasse mit lauwarmem Wasser an.*

4 *Zerdrücken Sie die Hefenährsalztablette in einem Löffel.*

5 *Desinfizieren Sie die Ballonflasche mit der zweiprozentigen schwefligen Säure.*

8 *Gießen Sie das Zuckerwasser und den Apfelsaft mit Hilfe eines Trichters in die Ballonflasche.*

9 a *Vermischen Sie den Inhalt der Ballonflasche durch kräftiges Schütteln.*

9 b *Verschließen Sie die Flasche mit einem Gummistopfen und stecken Sie den Göraufsatz auf.*

8 Nachdem Sie alles sterilisiert haben, müssen die nächsten Arbeitsschritte zügig vonstatten gehen, damit sich nicht wieder unerwünschte Bakterien in den gereinigten Geräten einnisten. Gießen Sie mit Hilfe des Trichters das Zuckerwasser und den Apfelsaft in die Ballonflasche oder in den Plastikbehälter. Achten Sie darauf, dass die Flüssigkeit nicht höher geht als bis zu dem Punkt, wo sich die Flasche Richtung Hals zu runden beginnt. Die Hefe braucht nämlich ausreichend Platz, um zu arbeiten. Geben Sie die restliche Zitronensäure (10 g), das pulverisierte Nährsalz, die inzwischen aufgequollene Hefe (seit Beginn des Ansetzens dürften mindestens 15 Minuten verstrichen sein) und ein halbes Gramm pulverisiertes Kaliumdisulfit dazu und vermischen Sie alles gründlich durch kräftiges Schütteln.
9 Verschließen Sie den Flaschenhals des Glasballons mit dem Gummistopfen und stecken Sie den Gäraufsatz in das Loch. Füllen Sie diesen bis zur Hälfte mit Wasser. Die Gärgase können trotz des Wassers entweichen, der unerwünschte Sauerstoff aber nicht eindringen.
10 Entfernen Sie alle Arbeitsspuren von der Flasche, die Sie nun an den vorbereiteten warmen und dunklen Standort bringen. Gönnen Sie ihr danach einen Monat lang Ruhe. Während dieser Zeit können Sie sehen, hören und riechen, wie die Hefe ihre Arbeit verrichtet, indem sie langsam den Zucker in Kohlendioxid und Alkohol umwandelt.

Jetzt heißt es Geduld aufbringen: mindestens einen Monat lang. Steigern Sie Ihre Vorfreude auf den Wein durch tägliches Schnuppern am Gefäß!

Zweite Phase – nach zwei bis drei Wochen

11 Nach zwei bis drei Wochen sehen Sie, wie sich auf dem Boden der Ballonflasche ein heller Belag absetzt. Die abgestorbene Hefe und die Schwebteile lagern sich ab, während die Flüssigkeit, d. h. der werdende Wein, darüber klarer wird. Schon um den Gärprozess gut beobachten zu können, empfiehlt es sich, Ballonflaschen zu gebrauchen.
12 Nach vier bis fünf Wochen ist die Gärung im Wesentlichen zur Ruhe gekommen. Jetzt muss der Jungwein von der abgestorbenen Hefe und den anderen Trubstoffen getrennt werden. Kochen Sie zunächst einen Liter Wasser ab. Während das Wasser abkühlt, tragen Sie die volle Flasche vorsichtig auf einen Tisch, damit die abgelagerte Schicht nicht aufwirbelt. Sie wollen ja klaren Wein haben.

11 *Am Flaschenboden haben sich die Hefe und andere Schwebteile abgelagert.*

12 *Stellen Sie den vollen Ballon vorsichtig auf eine Arbeitsfläche, den leeren etwas niedriger.*

15a *Tauchen Sie den Schlauch in das volle Gefäß, ohne den Hefebelag am Boden zu berühren.*

15b *Saugen Sie mit dem Schlauch vorsichtig den Wein an.*

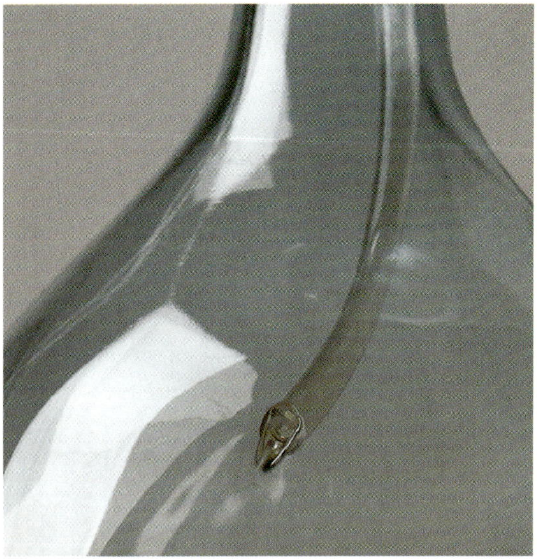

16 *Lassen Sie den Wein an der Innenseite in das zweite Gefäß hineinlaufen.*

17 *Setzen Sie dem Jungwein nochmals etwas Schwefel zu.*

19 *Füllen Sie den Jungwein ein und verschließen Sie den Ballon mit dem Gärverschluss.*

20 *Lassen Sie den Wein zwei Monate bei 10 bis 15 °C an einem dunklen Ort reifen.*

13 Reinigen Sie mit der gleichen Sorgfalt wie am Anfang die zweite Ballonflasche oder den zweiten Plastikbehälter, den zweiten Gäraufsatz, den Gummistopfen und den Plastikschlauch. Anschließend sterilisieren Sie alles mit der zweiprozentigen schwefligen Säure.

14 Den gereinigten Behälter stellen Sie auf den Boden, den Sie zuvor mit Zeitungspapier abgedeckt haben, damit etwaige Weinspritzer ihn nicht verschmutzen.

15 Stecken Sie den Plastikschlauch mit einem Ende vorsichtig in den vollen Ballon, bis er kurz über dem Belag schwebt. Mit einer Hand fixieren Sie ihn in dieser Position. Am einfachsten geht es, wenn Sie sich einen Freund oder eine Freundin zur Hilfe holen, der/die Ihnen diese Arbeit abnimmt. Beugen Sie sich über den leeren Ballon am Boden, nehmen Sie das andere Ende des Schlauches in den Mund und saugen Sie so lange daran, bis der Wein kommt.

Wenn Sie ganz sorgfältig beim Ansaugen des Weins vorgehen wollen, spülen Sie sich den Mund vorher mit Wodka oder einem anderen Schnaps.

16 Sowie der Wein kommt, stecken Sie den Schlauch schnell in den Ballon und lassen den Wein hineinrinnen. Sorgen Sie dafür, dass er nicht aus halber Höhe hinunterspritzt, sondern an der Balloninnenwand entlang nach unten läuft. Der Wein wird, auch wenn die Schlauchöffnung vom Wein bereits überdeckt ist, so lange weiterfließen, wie das Schlauchende in dem oberen Ballon keine Luft ansaugt. Achten Sie darauf, dass beim Umfüllen nichts von dem Belag in den neuen Ballon gelangt. Der Wein schmeckt jetzt etwas »kratzig«. Stören Sie sich nicht an diesem Geschmack, er wird sich mit der Zeit verbessern. Ist der ganze Wein umgefüllt, nehmen Sie den Schlauch heraus.

17 Schwefeln Sie jetzt noch einmal den Jungwein mit einem halben Gramm pulverisiertem Kaliumdisulfit.

18 Füllen Sie den Ballon mit dem Jungwein nur bis zum Beginn des Ballonhalses, damit noch Gärgase, die Platz zum Ausdehnen benötigen, entweichen können.

19 Verschließen Sie den vollen Ballon mit einem neuen Gärverschluss und geben Sie in ihn bis zur Hälfte sauberes Wasser hinein.

20 Stellen Sie den neuen Ballon an einen dunklen, 10–15 °C warmen Ort. Er hat jetzt zwei bis zweieinhalb Monate Zeit, ganz durchzugären und zu reifen.

Dritte Phase – nach zwei bis drei Monaten

21 Nach zwei Monaten können Sie prüfen, ob die Gärung beendet ist. Klopfen Sie dazu leicht gegen die Flasche. Steigen Bläschen auf, läuft der Gärprozess noch. Bleiben Sie ruhig und warten Sie geduldig. Sobald keine Blasen mehr aufsteigen, ist die Gärung abgeschlossen. Ihr erster eigener Wein ist fertig! Jetzt können Sie ihn trinken.

22 Besser ist es jedoch, den Apfelwein auf Flaschen abzuziehen und noch einmal drei bis vier Monate zu lagern. Dazu nehmen Sie drei bis vier Korken mehr als Sie Flaschen benötigen und weichen sie 24 Stunden vor der Abfüllung in Wasser ein. Legen Sie einen Teller über die Korken, damit sie nicht aufschwimmen können.

23 Bevor Sie die Korken benutzen, sterilisieren Sie diese.

24 Sterilisieren Sie die Flaschen und den Kunststoffschlauch, bevor Sie den Wein auf Flaschen abziehen.

Benutzen Sie eine Korkmaschine und üben Sie das Verkorken vorher einige Mal an einer leeren Flasche.

25 Liegt alles griffbereit – Ballon mit dem Wein, Flaschen, Korken, Abfüllschlauch, Korkpresse – und steht der Freund oder die Freundin als Hilfe bereit, schwefeln Sie den Wein mit dem restlichen pulverisierten Kaliumdisulfit und beginnen mit dem Abfüllen.

26 Stellen Sie den Weinballon vorsichtig auf den Tisch, damit kein Bodenbelag aufgespült wird. Legen Sie Zeitungen vor den Tisch, stellen Sie davor einen Stuhl und vor diesen noch einen zweiten. Auf den ersten Stuhl kommen die zu füllenden Weinflaschen, auf den zweiten setzen Sie sich. Ihr Freund oder Ihre Freundin führt den Schlauch in den Weinballon und achtet darauf, dass er sicher über dem Bodenbelag schwebt. Lassen Sie beim Abfüllen sechs bis sieben Zentimeter im Flaschenhals frei. Der Korken braucht genügend Platz.

27 Ist der Wein abgefüllt, stellen Sie die Flaschen auf den Tisch und verkorken die Flaschen.

28 Sind die Flaschen verschlossen, werden sie von übergelaufenem Wein gereinigt und mit einem Etikett versehen. Beschriften Sie es: Apfelwein September 97, abgefüllt März 98. Damit Sie wissen, was in den Flaschen ist, wenn sie liegend gelagert werden, schreiben Sie auf den Korken: A3/98, was bedeutet: Apfelwein, abgefüllt März 1998.

29 Lagern Sie die Flaschen an einem kühlen, dunklen Ort.

23 + 24 *Sterilisieren Sie Korken, Flaschen und den Plastikschlauch vor Gebrauch sorgfältig.*

26 *Ziehen Sie den jungen Wein auf die bereitgestellten Flaschen ab.*

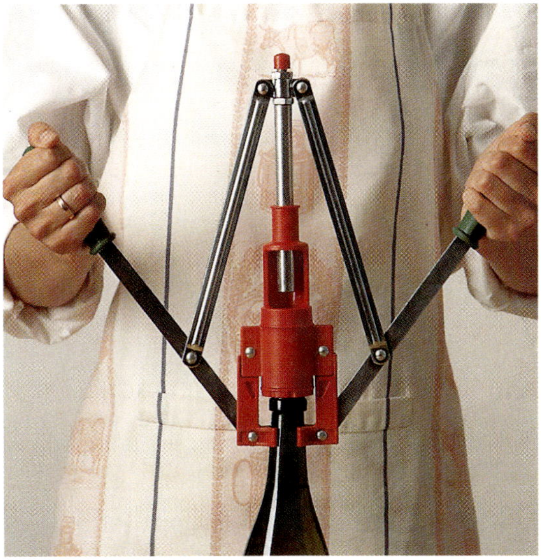

27 *Verkorken Sie die Flaschen mit Hilfe einer Korkpresse.*

28 *Sind die Flaschen verschlossen, dann etikettieren und lagern Sie sie.*

Die Welt der Fruchtweine

Verfügen Sie über einen Garten oder über Obst und Gemüse, so bietet es sich an, einmal so herrlich schmeckende Fruchtweine zu keltern wie einst unsere Großeltern.

Fruchtwein lässt sich aus fast allen Früchten und vielen Gemüsesorten herstellen. Je frischer und schöner die Ausgangsprodukte sind, desto besser schmeckt der Wein.

Wie Sie Ihren eigenen Fruchtwein keltern

Im Folgenden wird die Zubereitung von Wein aus frischem Obst dargestellt. Soweit für den Hobbywinzer sinnvoll, werden dabei auch moderne kellertechnische Erkenntnisse berücksichtigt. Die einzelnen Arbeitsschritte und Herstellungsverfahren gelten grundsätzlich auch für die Zubereitung von Wein aus Dosenfrüchten, Trockenobst, Gemüse, Kräutern, Blüten und Getreide. Die Besonderheiten, die beim Herstellen der einzelnen Weine zu beachten sind, werden bei der Beschreibung der entsprechenden Rezepte erwähnt. Obwohl die beschriebenen Arbeitsschritte und Verfahren im Wesentlichen auch auf die klassische Weinzubereitung zutreffen, ist dem Keltern von Wein aus Trauben ein eigener Abschnitt gewidmet.

Folgen Sie beim Keltern einfach der Natur. Beginnen Sie im Frühling mit Rhabarber- und hören Sie im Winter mit Schlehenwein auf.

Ratschläge für den Anfang

Setzen Sie keine zu großen Mengen von einer Obstart an, sondern mehrere kleine Mengen von unterschiedlichen Früchten. An fünf Liter Rhabarber-, Erdbeer-, Stachelbeer-, Kirsch-, Johannisbeer-, Pflaumen- oder Apfelwein haben Sie mehr Freude als an 40 Liter Apfelwein. Verdirbt ein Ballon mit fünf Litern, ist alles halb so schlimm, denn Sie haben ja noch genügend andere. Zudem gewinnen Sie durch das immer wieder neue Ansetzen von Wein schnell an Erfahrung und Sicherheit. Und Sie können durch das Mischen der verschiedenen Weine interessante neue Weine kreieren.
Vermeiden Sie es nach Möglichkeit, sich den Geschmack der Fruchtweine vorzustellen. Ihre Phantasie könnte Ihnen einen Streich spielen. Erdbeerwein schmeckt nämlich nicht wie überzuckerte, reife Erdbeeren. Er fällt mit Sicherheit trockener und spritziger aus, als Sie es sich vorgestellt haben. Gehen Sie mit einer gehörigen Portion Neugierde

Wenn ein Wein eine bräunliche Farbe bekommt und eigentümlich bitter schmeckt, haben Sie vermutlich faule Früchte mitgekeltert.

an die erste Probe. Sie werden über den einen Wein begeistert sein und über den anderen vielleicht die Nase rümpfen. Gießen Sie ihn trotzdem nicht weg, vielleicht schmeckt er ja einem Ihrer Freunde.

Fehler, die Sie vermeiden können

Ist Ihnen Ihr Wein einmal nicht so gelungen, wie Sie sich das vorstellen, sollten Sie sich ganz analytisch auf die Fehlersuche machen. Im Einzelnen kann ein Misslingen folgende Gründe haben:

- Sie haben die falsche Hefe (Back- oder Brauhefe) genommen oder den Alkoholgehalt, für den die Hefe ausgelegt ist, nicht beachtet oder die Gärtemperatur zu hoch gewählt, z. B. bei Trockenhefe 25 °C überschritten.
- Sie haben Ihre verwendeten Geräte nicht gründlich genug gereinigt oder sterilisiert.
- Sie waren bei der Fruchtauswahl nicht kritisch genug und haben eventuell einige bereits faulige Früchte oder aber noch unreife Früchte verwendet. Soll Ihr Wein gelingen, so ist es besonders wichtig, dass Sie nur makellose Früchte verarbeiten und keine Früchte II. Wahl. Äpfel, die sich für die Weinbereitung gut eignen, sind allen voran Boskop, Kaiser-Wilhelm-Apfel, Trierer Weinapfel und Rheinischer Bohnapfel. Sie verderben sehr langsam. Beerenobst bekommt leicht Druckstellen und wird rasch faulig. Das Gleiche gilt für Steinobst und Kirschen.
- Sie haben das zweite Gärgefäß möglicherweise nicht hoch genug gefüllt.
- Sie haben den Wein vielleicht zu lange auf dem Bodenbelag stehen lassen.
- Sie haben nicht alle erforderlichen Geräte und Zutaten bereitgestellt, bevor Sie mit dem Ansetzen Ihres Weins begonnen haben. Während Sie womöglich das Fehlende beschafft haben, konnten sich schon die überall lauernden unerwünschten Mikroorganismen in den Wein »einschleichen«.

Da Sie nun die Gefahrenquellen bereits kennen, ist es für Sie umso leichter, sie auszuschalten.

Weinherstellung aus frischen Früchten

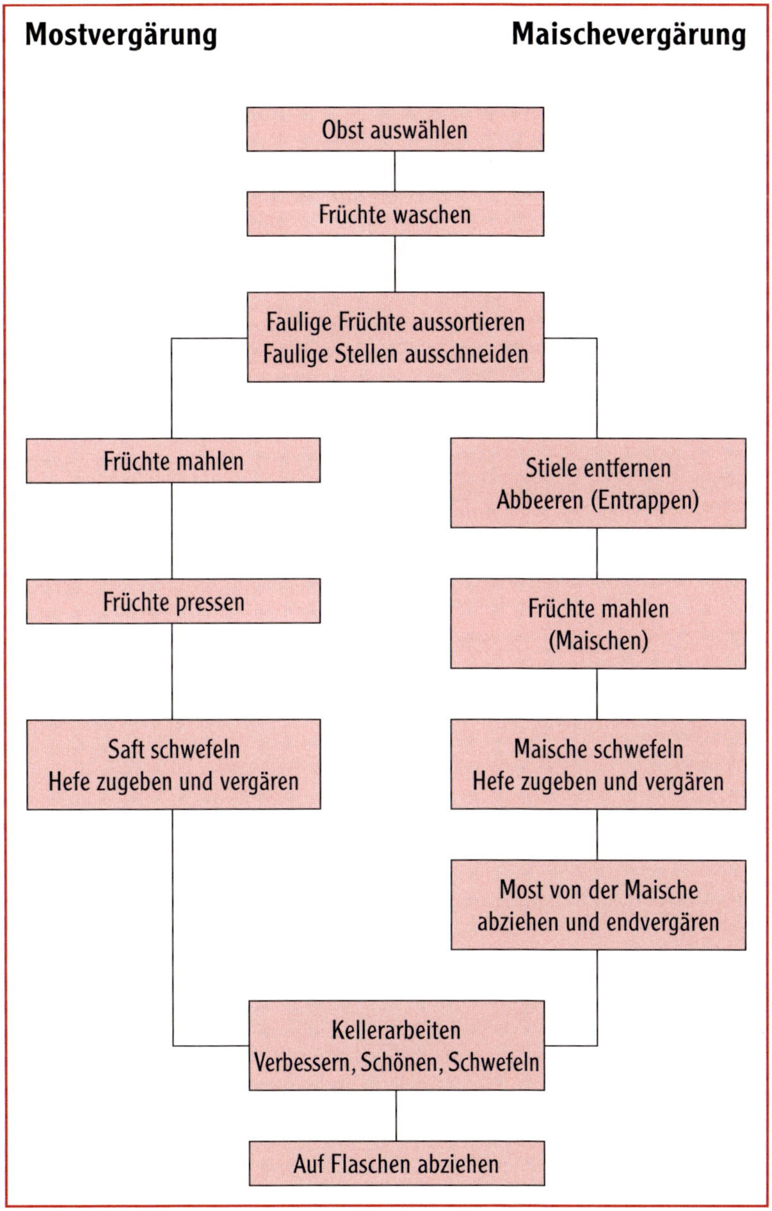

Bei der Maischegärung werden alle Teile der Frucht ausgelaugt. Der spätere Wein erhält dadurch ein stärkeres Aroma, mehr »Couleur« oder »Körper«, wie der Winzer sagt.

Die Zutaten

Folgende Zutaten sollten Sie bereitstellen, wenn Sie sich an die Zubereitung von Fruchtweinen machen. Qualitativ hochwertige Zutaten erhöhen auch die Qualität Ihres Weins.

Früchte

Fruchtwein kann aus nahezu allen frischen Obstsorten, Trockenfrüchten, Dosenfrüchten, vielen Gemüsearten, Kräutern, Blüten und Getreide zubereitet werden. Je gesünder und reifer die Früchte sind, desto besser wird der Wein.

Wasser

Viele Obstsorten haben einen so hohen Säureanteil, dass ein Wein aus diesen Früchten nicht schmecken würde. Der Saft aus diesem Obst muss deshalb mit Wasser verdünnt werden.
Gewöhnlich wird Leitungswasser verwendet. Ist dieses aber sehr kalkhaltig, muss es vorher abgekocht werden, da sonst zu viele Aromastoffe gebunden werden.

Zucker

Für die Zuckerung eignet sich am besten der normale raffinierte Haushaltszucker.

Nur Weintrauben besitzen genügend Fruchtzucker, um einen gut trink- und haltbaren Wein daraus zu keltern. Alle anderen Fruchtarten müssen nachgezuckert werden. Hobbywinzer nehmen hierfür den normalen Rüben- oder Rohrzucker.

Säuren

Damit ein Wein abgerundet und harmonisch schmeckt, ist ein ausgewogenes Verhältnis von Zucker und Säure erforderlich. Nicht jede Frucht hat von Natur aus den erforderlichen Säuregehalt. Einige Früchte haben zu viel Säure, andere besitzen zu wenig. Bei diesen

Früchten muss nachgesäuert werden. Hierzu werden Zitronensäure, Milchsäure oder Weinsäure verwendet.

Antigeliermittel

Viele Obstsorten enthalten einen hohen Pektinanteil. Die Pektine halten die Fruchtfleischzellen zusammen und verhindern, dass der Saft auslaufen kann. Auch beim Zermahlen der Früchte werden die Zellen nicht ausreichend zerstört, was eine geringe Saftausbeute zur Folge hat. Mit Antigeliermitteln werden die Pektine aufgespalten. Dadurch erhöht sich die Saft-, Farb- und Aromaausbeute erheblich.

Hefe

Hefe wird zur Umwandlung von Zucker in Alkohol benötigt. Um eine kontrollierte Gärführung zu erreichen, wird sie dem Most oder der Maische zugesetzt.

Für den Hobbywinzer empfiehlt sich die Verwendung von Trockenhefe, da sie vor der Anwendung nicht angesetzt werden muss. Trockenhefe ist Reinzuchthefe, der der flüssige Trägerstoff »Wein« entzogen wurde.

Hefenährsalze

Hefe benötigt zur Entfaltung Stickstoff. Wird der Most mit Wasser verdünnt, kann dies zu Stickstoffmangel im Most führen. Deshalb wird Hefenährsalz (eine Stickstoffverbindung) zugeführt.

Schwefel

Schwefel macht den Wein lagerfähig. Er ist nach wie vor das einzige wirksame Konservierungsmittel. In Frage kommen Kaliumpyrosulfit oder Kaliumdisulfit, kurz Kalifit.

Schönungsmittel

Sie dienen zur Klärung des Weins. Dieser Prozess wird normalerweise vom Wein selbst durchgeführt. Wenn nicht, können so genannte Schönungsmittel (Seite 74) eingesetzt werden.

Die erforderlichen Geräte

Bevor Sie loslegen können, müssen Sie erst noch einige Investitionen tätigen und sich Geräte beschaffen, ohne die eine Weinherstellung nicht möglich ist. Aber keine Angst: Die Ausgaben haben sich schon nach wenigen Monaten amortisiert, wenn Sie ein regelmäßiger Weintrinker sind. Um Sie mit den erforderlichen Geräten vertraut zu machen, werden sie im Folgenden näher beschrieben.

Bei der Einrichtung Ihrer Hobbykellerei kommen Sie mit etwa 90 bis 100 DM aus.

Die Geräte und ihre Preise

Die farbig abgesetzten Geräte und Materialien sollten Sie als Grundausstattung betrachten und anschaffen (siehe Bezugsadressen Seite 124).

● **Gärbehälter** (abhängig von gewünschter Weinmenge)	Glasballon	blank	Polykorb	Holzgestell
	5 Liter	DM 7,35	DM 9,35	–
	10 Liter	DM 14,15	DM 16,65	–
	15 Liter	DM 19,75	DM 22,75	DM 40,05
	20 Liter	DM 17,85	DM 24,85	–
	25 Liter	DM 29,80	DM 32,20	DM 51,60
	50 Liter	DM 42,45	DM 48,70	DM 73,35
● **Gäraufsatz**	Zwei Duplex			à DM 3,80
● **Obstmühlen und Obstpressen** (OM = Obstmühle) (OP = Obstpresse)	Fleischwolf mit Pressvorsatz			ca. DM 170,—
	elektrischer Haushaltentsafter			ca. DM 150,—
	Universalmühle aufsetzbar auf Spindelpressen:			
	OM 6 für 6 Liter Obst			ca. DM 300,—
	OM 10 für 10 Liter Obst			ca. DM 440,—
	hölzerne Spindelpresse			
	OP 5 für 5 Liter Obst			ca. DM 520,—
	Presssack			ca. DM 21,—
	OP 10 für 10 Liter Obst			ca. DM 624,—
	Presssack			ca. DM 31,—
	OP 20 für 20 Liter Obst			ca. DM 732,—
	Presssack			ca. DM 33,—

Die Geräte und ihre Preise

Obstmühlen und Obstpressen	Tisch-Kleinpackpresse	ca. DM 506,—
	Pressroste	ca. DM 15,—
	Presstücher	ca. DM 13,—
	Hydropresse	
	20 Liter	ca. DM 872,—
	40 Liter	ca. DM 1087,—
Behälter für Maischegärung (für Lebensmittel geeignet)	Weithalskanister 10 Liter	ca. DM 7,—
	Weithalskanister 25 Liter	ca. DM 28,—
	Weithalskanister 50 Liter	ca. DM 33,—
	Kunststoffeimer 10 Liter	ca. DM 7,—
	Kunststoffeimer 20 Liter	ca. DM 7,—
Messgeräte		
Mostgewicht	Oechslewaage	DM 16,15
	Messzylinder	DM 18,—
Säurebestimmung	Säuretestzylinder	identisch mit Oe-Messzylinder
SO_2-Bestimmung	Titrovin-Gerät	ca. DM 40,—
	Kontrollflüssigkeit (5/250 ml)	ca. DM 38,—
Alkoholbestimmung	Vinometer	DM 7,80
	Abziehpipette 100 cm lang	DM 29,50
	Stechheber (Plexiglas) 50 cm lang	DM 12,40
	Messpipette (Glas) 10 ml	DM 5,70
Zusatzgeräte	Handverkorkapparat aus Holz	DM 15,—
	Handverkorker aus Metall	DM 29,—
	Handverkorker mit Gestell	DM 118,—
	Weinheber mit Fußpumpe	DM 53,80
	Weinheber mit Handpumpe	DM 46,85
	Flaschenspülmaschine Drillsystem	DM 28,50
Materialien	Poli-Fix-Filter	DM 19,—
	Perlonfiltereinlage	DM 12,—
	Faltfiltertüten 5 St.	DM 7,35
	Plastikschlauch 1,5 m	DM 3,90
	Handpressbeutel	ca. DM 15,—
	Flaschenbürsten	ca. DM 8,—
	Ballonreinigungsbürsten	ca. DM 18,—
	Naturkorken	ca. DM 0,30
	Ballonkorken	ca. DM 0,55
	Gummistopfen	ca. DM 3,60
	Gummikappen mit Loch	ca. DM 3,50
	Kelterlack	ca. DM 26,—

Je professioneller Sie arbeiten wollen, desto mehr sollten Sie auch für die Geräteausstattung investieren.

Glasballon

Glasballons sind für den Hobbybetrieb besonders gut geeignet. Sie sind preisgünstig, bereits in kleinen Größen erhältlich und auch mit einem Kunstoffkorb zu bekommen. Dadurch sind die Ballons gegen Stöße geschützt und lassen sich leichter transportieren.

Bei vielen Weinfirmen, Brennereien und Obstkeltereien können Sie gebrauchte Korbflaschen kostenlos bekommen – einfach anrufen oder hinfahren.

Gerade für den Anfänger bietet der Glasballon wesentliche Vorteile:

1. Er lässt sich gut kontrollieren. Sie können problemlos beobachten, wie der Wein vergärt, wie er sich klärt, wie stark sich der Trub am Boden abgesetzt hat und wie tief Sie den Schlauch beim Abziehen des Weins in den Ballon senken dürfen, ohne Trub aufzuwirbeln.
2. Glas gibt keine Geschmacksstoffe an Most, Maische oder Wein ab.
3. Durch Glas können im Gegensatz zu Holz keine Mikroorganismen in den Wein gelangen.
4. Glas lässt sich leicht reinigen und sterilisieren. Nachteilig wirkt sich dabei nur aus, dass der schmale Ballonhals die Reinigung erschwert. Sie sollten deshalb zum Säubern Spezialbürsten verwenden.
5. Glas unterliegt keinem natürlichen Verfall. Glasballons halten sehr lange, sofern Sie darauf achten, dass

- die Ballons nicht ohne Unterlagen auf Beton- oder Fliesenböden gestellt werden,
- die Ballons nicht mit zu heißen Reinigungsflüssigkeiten gesäubert werden,
- die Ballons sofort nach Benutzung gereinigt werden, damit kein Schmutz festtrocknen kann. Sollte es trotzdem passiert sein, lösen Sie ihn durch Einweichen, keinesfalls jedoch durch Schrubben mit groben Scheuermitteln,
- die Gärfüllung ausreichend freien Steigraum hat, um aufschäumen zu können, ohne den Gäraufsatz zu verstopfen. Können die Gärgase nicht über den Gäraufsatz entweichen, bildet sich im Ballon ein so starker Gasdruck, dass der Ballon zerspringen kann,
- gefüllte Ballons beim Transport nicht am Hals, sondern am Flaschenkörper angefasst werden,
- beim Befüllen des Ballons immer ein Luftpolster zwischen Flüssigkeit und Korken bestehen bleibt. Sonst kann es passieren, dass der

Für das Keltern eines Fruchtweins ist eine Grundausstattung aus einem Säuremesszylinder (Mitte links), einer Oechslewaage (Mitte rechts), Antigeliermittel (links), einem Vinometer (Mitte), einem Handpressbeutel (rechts) und Zitronensäure (links vorne) erforderlich.

Druck, der beim Verschließen des Ballonhalses entsteht, nicht durch das Luftpolster abgefedert wird, sondern direkt auf die Flüssigkeit wirkt und dadurch den Ballon zum Zerspringen bringt.

Verwenden Sie einen Gärtrichter als Aufsatz, um Gärgase abzuleiten und das Eindringen von Mikroorganismen in das Gefäß zu verhindern!

Gäraufsatz

Der Gäraufsatz dient dazu, die Gärgase aus dem Gärgefäß abzuleiten. Zugleich verhindert er, dass Luft zusammen mit schädlichen Mikroorganismen in den Ballon eindringen kann. Im Wesentlichen gibt es zwei Arten von Gäraufsätzen: einen Siphon (Neßler'sche Gärröhre) und einen Gärtrichter (Hobby, Duplex).

- Der Siphon ist eine U-förmige Glasröhre mit zwei oder mehr sich gegenüberliegenden Glaskugeln. In die Gärröhren wird Wasser gegeben, bis das »U« zur Hälfte der Kugeln gefüllt ist. Der Siphon leitet die Gärgase gut ab, lässt sich aber schwer reinigen.

- Der Gärtrichter hat einen erheblich weiteren Außendurchmesser. In seiner Mitte leitet ein Steigrohr die Gärgase nach oben. Sie werden durch eine Deckelkonstruktion nach unten geführt, durch eine Sperrflüssigkeit gedrückt und an der Seite nach oben und außen abgeleitet. Sein Vorteil: Er leitet die Gärgase gut ab und lässt sich leicht reinigen und sterilisieren. Aus diesen Gründen ist der Gärtrichter (Hobby, Duplex) als Gäraufsatz zu empfehlen.

Obstmühlen und Obstpressen

Bevor Sie Fruchtwein aus Saft oder Maische herstellen können, müssen die Früchte zuerst zerkleinert werden. Welche Methode dazu am besten geeignet ist, hängt davon ab, welche Früchte Sie verarbeiten und wie viel Wein Sie herstellen wollen. Ihrer Phantasie sind dabei keine Grenzen gesetzt, nur müssen Sie darauf achten, dass die Früchte nicht mit Eisen, Kupfer oder Zink in Berührung kommen. Lässt sich das nicht umgehen, müssen Sie die Metallteile vorher gründlich mit Kelterlack behandeln. Den Lack können Sie in Weinfachhandlungen beziehen. Beachten Sie die Gebrauchsanweisung.

Wenn Früchte beim Mahlen oder Zerkleinern mit Metallteilen in Berührung kommen, wie mit dem Entsafter oder Stampfer, müssen Sie diese zuvor mit einem speziellen Kelterlack behandeln.

So können Sie Obst zerkleinern

- Erdbeeren können Sie mit der Hand zu Maische zerdrücken.
- Johannisbeeren, Brombeeren, Himbeeren, Pfirsiche, Aprikosen, Pflaumen und Kirschen lassen sich mit einem Kartoffelstampfer zerkleinern. Vorsicht: keine Metall-, sondern Holzstampfer nehmen. Steinobst sollte vorher entsteint werden.
- Kern- und Steinobst können Sie auch durch den Fleischwolf drehen, wenn die Kerne und Steine zuvor entfernt wurden. Denken Sie dabei an die Behandlung der Metallteile.
- Wollen Sie häufiger Wein keltern, dann empfiehlt sich die Anschaffung einer Universalmühle, beispielsweise der OM 10. Beeren, Trauben, Kernobst und Steinobst, sofern es vorher entsteint wurde, können Sie damit mühelos mahlen.

So können Sie Obst pressen

Mostgärung wird vorwiegend bei Äpfeln und Birnen angewandt. Welches Verfahren Sie wählen, hängt davon ab, welche Früchte Sie auspressen und wie viel Sie investieren wollen.

- Beinahe kostenlos können Sie die Maische mit Hilfe eines Presssacks aus Kunststoff von Hand auspressen. Sie nehmen dazu einen Perlon- oder Nylonsack, wie Sie ihn für einen Trichterfilter benutzen würden, und wringen ihn wie ein nasses Handtuch langsam aus.
- Kleinere Mengen Obst können Sie mit einem Fleischwolf und einem Pressvorsatz auspressen.
- Auch mit elektrischen Haushaltsentsaftern können Sie Obst auspressen.
- Eine ebenfalls sehr effektive Methode ist das Frostentsaften. Hierzu frieren Sie die Früchte in Kiloportionen in Plastikbeutel ein. Die sich bildenden Eiskristalle zerreißen das Fruchtfleisch.
Nach dem Gefrieren stechen Sie mehrere kleine Löcher in das untere Ende jeden Beutels, legen ihn in ein Sieb über eine Schüssel und lassen ihn auftauen. Der durch die Eiskristalle freigesetzte Saft läuft durch die Löcher in die Schüssel. Zum Schluss pressen Sie die Früchte vollständig aus.
- Möchten Sie wiederholt größere Mengen Obst entsaften, empfiehlt sich der Kauf einer Pack-, Spindel- oder Hydropresse.

Mit einer Packpresse vom Typ IP 10 können Sie etwa zehn Kilogramm Maische auf einmal pressen.

Packpressen

Packpressen eignen sich besonders gut für das Pressen von Äpfeln und Birnen, aber auch für jede andere Obstsorte. Das Pressgut wird in Presstücher (aus Leinen oder Nylon) geschlagen, in die Pressrahmen gelegt und schichtweise in die Presse gegeben. Anschließend wird es mit hohem Druck abgepresst.

Da die Schicht des Pressguts in den einzelnen Rahmen dünn ist, wird eine hohe Saftausbeute von etwa 80 Prozent erreicht. Meist genügt sogar ein Arbeitsgang mit einer Packpresse, um die Maische vollständig auszupressen.

Spindelpressen

Spindelpressen arbeiten nach einem jahrhundertealten Prinzip. Die Maische wird in einen Korb gegeben und mit Hilfe der Spindel langsam ausgedrückt. Der Nachteil bei dieser Pressart ist, dass sich der Trester (die festen Teile der Maische) zu einer dicken Schicht verdichtet, die sich zum Schluss nur noch schwer auspressen lässt. Meistens ist hier ein zweiter Arbeitsgang erforderlich.

Hydropressen

Hydropressen arbeiten Wasserdruck. Das Pressgut wird in ein Sieb gelegt und in einen Behälter gegeben. Auf das Pressgut kommt ein Gummiballon, der über den Deckel des Behälters mit einem Schlauch an die Wasserleitung angeschlossen ist. Nach dem Verschließen des Behälters wird der Gummiballon mit Leitungswasser gefüllt. Durch den ständig anliegenden Wasserdruck dehnt sich der Ballon immer weiter aus und zerquetscht dabei die Früchte.

Messinstrumente können nur dann einwandfreie Ergebnisse liefern, wenn sie intakt, sauber und fettfrei sind. Bevor Sie Ihre Messinstrumente einsetzen, sollten Sie sie gründlich mit Wasser reinigen und mit einem fusselfreien Tuch abtrocknen.

Maischebehälter

Zur Maischevergärung sollten Sie Gefäße verwenden, die etwa doppelt so viel Flüssigkeit fassen können, wie vergärt werden soll. Da die Maische bei der Vergärung viel Schaum bildet, benötigt sie Raum, um sich auszudehnen. Die Öffnung des Behälters sollte möglichst groß sein, damit die Maische während des Gärens immer wieder umgerührt werden kann.

Messgeräte

Für die Bestimmung des Zucker-, Alkohol- und Säuregehalts werden bei der Weinzubereitung die auf den nachfolgenden Seiten beschriebenen Messgeräte eingesetzt.

Die Oechslewaage

Die Oechselwaage ist keine Waage im herkömmlichen Sinn. Sie ist eigentlich eine Messspindel, mit der man den Zuckergehalt im Most messen kann. Entwickelt wurde die Oechslewaage bereits in der Mitte des letzten Jahrhunderts von Ferdinand Oechsle. Sie leistet der Weinwirtschaft also schon 150 Jahre lang gute Dienste.

Die für unsere Zwecke am besten geeignete Oechslewaage besteht aus einer Glasröhre, deren oberer schmaler Teil in eine Skala von 0 bis 130 eingeteilt ist. Im unteren Teil ist ein Thermometer eingearbeitet. Am Boden befindet sich ein Gewicht, mit dem die Glasröhre so geeicht ist, dass sie in einem mit destilliertem Wasser gefüllten Messzylinder bei 20 °C das spezifische Gewicht von reinem Wasser (1000) anzeigt. Auf der Oechslewaage ist dieser Wert mit »O« markiert. Wird die Messspindel beispielsweise in einen Messzylinder mit Apfelmost, der auf 20 °C temperiert wurde, getaucht, kann gemessen werden, um wie viel der Most schwerer als reines Wasser ist. Sinkt die Spindel im Apfelmost bis zur Marke »50« ein, bedeutet dies, dass das spezifische Gewicht des Mostes 1050 Gramm ist, d. h., ein Liter Most wiegt 50 Gramm mehr als ein Liter reines Wasser. Da in einem klaren Most die Stoffe, die das zusätzliche Gewicht verursachen, im Wesentlichen aus Zucker bestehen, besagt das spezifische Gewicht von 1050, dass sich in dem Most 50 °Oechsle (Oe) Zucker befinden. Da beim Vergären der Zucker in Alkohol umgewandelt wird, kann aus den Oechslewerten der Alkoholgehalt des späteren Weins berechnet werden.

Die Angabe »Grad Oechsle« soll EU-weit in Zukunft durch »Volumen % Alkohol« ersetzt werden. Noch aber wird mit »Grad Oechsle« gemessen.

Der Messzylinder

Ein 250 Milliliter fassender Messzylinder wird mit einer Probe des zu messenden Mostes gefüllt. Die Mostprobe soll möglichst 20 °C warm sein und keine Schwebstoffe enthalten, notfalls muss die Probe vor der Messung filtriert werden. Auch Luftbläschen im Most oder Schaum können die Messung verfälschen. Sie müssen durch Umrühren entfernt werden. Nun wird der Messzylinder auf eine waagerechte Fläche gestellt und die Oechslewaage vorsichtig in die Probe

Beispiel: Bei 50 Grad Oechsle beträgt der Alkoholgehalt 48 Gramm/Liter bzw. 6,1 Vol. %.

Umwandlungstabelle von Oechsle in Alkohol

Oechsle Grad	Alkohol g/l	Alkohol Vol. %	Oechsle Grad	Alkohol g/l	Alkohol Vol. %
35	25	3,3	64	65	8,3
36	26	3,4	65	67	8,5
37	27	3,5	66	68	8,6
38	28	3,6	67	69	8,8
39	29	3,7	68	70	8,9
40	30	3,8	69	71	9,0
41	32	4,1	70	73	9,2
42	33	4,2	71	74	9,4
43	35	4,5	72	75	9,5
44	37	4,7	73	76	9,7
45	39	5,0	74	77	9,8
46	41	5,2	75	78	9,9
47	42	5,3	76	80	10,1
48	44	5,6	77	81	10,2
49	46	5,8	78	82	10,4
50	48	6,1	79	83	10,5
51	49	6,2	80	84	10,7
52	51	6,4	85	90	11,3
53	52	6,6	90	97	12,2
54	53	6,7	95	102	13,0
55	54	6,9	100	108	13,8
56	55	7,0	105	115	14,5
57	57	7,2	110	120	15,3
58	58	7,4	115	127	16,0
59	59	7,5	120	132	16,9
60	60	7,6	125	140	17,7
61	62	7,9	130	145	18,4
62	63	8,0	135	150	19,1
63	64	8,1			

getaucht. Sie darf dabei die Wände des Messzylinders nicht berühren, sondern muss frei schwimmen. Steht die Spindel ruhig, liest man auf der Skala der Oechslewaage den Oechslewert des Mostes ab. Mit der Umrechnungstabelle auf der vorhergehenden Seite können Sie Oechslegrad in zu erwartenden Alkohol in Gramm und Prozent pro Liter ablesen. Diese Werte sind nur ungefähre Werte, da sich in den Oechslewerten nicht nur Zucker, sondern auch andere Stoffe, wie Säuren, Mineralstoffe, Pektine, Glyzerin etc., verbergen.

Mit der Umwandlung des Zuckergehalts in Alkohol geht das Mostgewicht von Woche zu Woche entsprechend zurück – dies ist ein gutes Zeichen für die fortschreitende Gärung.

Wichtige Messhinweise

Ist die Temperatur niedriger oder höher als die Eichtemperatur von 20 °C, muss der Oechslewert nach oben oder unten korrigiert werden, und zwar für Temperaturen von über 20 °C wird für je 1 °C 0,2 Oechsle hinzugezählt; bei Temperaturen unter 20 °C wird entsprechend abgezogen. Der Zuckergehalt des Mostes kann mit der Oechslewaage nur gemessen werden, solange der Most noch nicht in Gärung übergegangen ist. Danach kann immer nur die noch nicht vergorene Restzuckermenge gemessen werden. Messen Sie z. B. 0 °Oe, dann wissen Sie, dass die Gärung abgeschlossen ist. Der gesamte Zucker wurde in Alkohol umgewandelt.

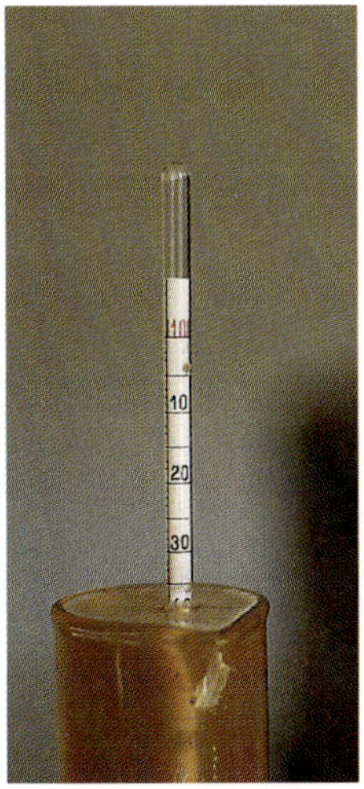

Mit einer Oechslewaage (links) wird der Zuckergehalt des Mosts gemessen, aus dem sich der Alkoholgehalt des späteren Weins berechnen lässt. Ein guter Weinertrag setzt eine sorgsame Pflege der Reben voraus (rechts).

Acidometer oder Säuremesszylinder

Mit dem Acidometer wird der Säuregehalt des Mostes gemessen. Die Bestimmung des Säuregehaltes ist wichtig, weil die Säure in Verbindung mit dem Alkohol wesentlich die Qualität des Weins mitbestimmt. Bei zu wenig Säure schmeckt der Wein fade, bei zu viel Säure sauer. In vielen Fällen muss der Säuregehalt des Mostes durch Zugabe von Säure oder durch Entsäuern korrigiert werden. Dafür muss der Säurewert des Mostes bekannt sein.
Das Acidometer/der Säuremesszylinder besteht im Wesentlichen aus einer Glasröhre, auf der ein Stück über dem Boden eine Skala von 0 bis 20 aufgezeichnet ist. Jeder Teilstrich repräsentiert ein Gramm Säure pro Liter (1 g/l).

Beachten Sie bitte, dass das Messergebnis verfälscht wird, wenn sich Kohlensäurebläschen in der Flüssigkeit befinden.

So wird der Säuregehalt bestimmt

Zum Messen wird der Zylinder zunächst mit dem zu untersuchenden Most ausgespült und dann bis zur Nullmarkierung mit Most gefüllt. Stellen Sie ihn auf eine waagerechte Fläche. Wie bei der Oechslewaage soll sich keine Kohlensäure in der Flüssigkeit befinden, da das Messergebnis sonst verfälscht wird. Sind Bläschen vorhanden, schütteln Sie das Acidometer, bis alle Bläschen verschwunden sind. Überprüfen Sie, ob der Most genau mit der Nullmarkierung abschließt. Um Ablesefehler zu vermeiden, müssen Sie die Nulllinie des Acidometers in Augenhöhe haben. Geben Sie mit einer Messpipette tropfenweise Messflüssigkeit (Blaulauge) in den Messzylinder. Lassen Sie die Blaulauge am Glasrand hinunterlaufen, damit die Flüssigkeit nicht schäumt und Messfehler vermieden werden. Verschließen Sie mit dem Daumen die Öffnung des Acidometers und kippen Sie es nach unten, dann richten Sie es wieder auf und streifen die am Daumen haftende Flüssigkeit sorgfältig in den Zylinder ab. Dies ist wichtig, da sonst Messfehler auftreten können. Überprüfen Sie, ob ein Farbumschlag nach Grün oder Dunkelgrün auftritt. Können Sie keine Farbveränderung feststellen, wiederholen Sie den Vorgang so lange, bis die Flüssigkeit sich dunkelgrün färbt.

Geben Sie bei jedem Messschritt die Blaulauge nur tropfenweise in den Zylinder, damit Sie ein genaues Messergebnis erzielen. Sobald Sie den Umschlag ins Dunkelgrüne feststellen, lesen Sie den Flüssigkeitsstand an der Skala des Acidometers ab. Nehmen wir an, die Flüssigkeit pendelt sich auf der Marke 7 ein. Jetzt hat die Blaulauge die Säure neutralisiert, und die dunkelgrüne Farbe zeigt an, dass sich keine Säure mehr im Most befindet. Das Ergebnis: Sie haben sieben Milliliter Blaulauge für die Neutralisation benötigt, und eine Zugabe von sieben Milliliter Blaulauge bedeutet einen Säuregehalt von sieben Gramm pro Liter (7 g/l).
Wenn Sie sehr dunklen Most auf Säure untersuchen wollen, ist es schwierig, den Farbumschlag im Messzylinder rechtzeitig auszumachen. In diesem Fall kaufen Sie in der Apotheke oder Drogerie etwas Lackmuspapier. Sie wiederholen diesen Vorgang, bis sich das Papier zuerst rot, dann blau färbt.
Wollen Sie besonders saure Früchte verwenden und sind zur Neutralisation mehr als 20 Milliliter Blaulauge erforderlich, müssen Sie den Most mit destilliertem Wasser in einem Verhältnis von 1:1 oder 1:2 (genau arbeiten!) verdünnen.
Spülen Sie mit dem verdünnten Most zunächst den Messzylinder aus und füllen Sie ihn dann bis zur Nullmarke auf. Nun wiederholen Sie die Messung wie bereits beschrieben. Das Messergebnis, das Sie nach dem Umschlag ablesen, multiplizieren Sie anschließend mit dem Faktor des Mischungsverhältnisses (2 oder 3), um den Säurewert in g/l zu erhalten.

Beispiel: Die Flüssigkeit pendelt sich an der Acidometerskala auf der Marke 7 ein – das heißt: Der Säuregehalt im Most beträgt sieben Gramm pro Liter.

Titrovin-Gerät

Mit diesem Messgerät kann ebenfalls die Gesamtsäure des Mostes, aber auch die freie schweflige Säure und die gesamte schweflige Säure des Mostes bestimmt werden. Das Titrovin-Gerät besteht aus einem Messzylinder, auf dem drei verschiedenfarbige Messskalen aufgebracht sind.
Die Messung erfolgt ähnlich wie bei der bereits auf Seite 44 beschriebenen Feststellung der Gesamtsäure des Mostes.

Bestimmung der freien schwefligen Säure

Die schweflige Säure wird aus der Schwefelung des Mostes, der Maische und des Weins gebildet. Ein Teil der schwefligen Säure wird durch Gärnebenprodukte gebunden und ist nicht aktiv. Nur der kleinere Teil steht für die Bekämpfung von schädlichen Mikroorganismen zur Verfügung. Dieser Teil wird als freie schweflige Säure bezeichnet. Um zu wissen, ob Most, Maische oder Wein einen ausreichenden Schutz besitzen und um gleichzeitig eine Überschwefelung zu vermeiden, ist eine wiederholte Bestimmung der freien und gesamten schwefligen Säure wichtig.

Der Titrovin-Zylinder wird zunächst mit der zu untersuchenden Flüssigkeit ausgespült. Dann wird mit einer Pipette die zu messende Flüssigkeit bis zur unteren gelben Marke eingefüllt. Anschließend wird bis zur Nullmarke der gelben Skala mit einer Stärke-Säure-Lösung aufgefüllt (Lösung wird mit dem Titrin-Zylinder geliefert). Danach verschließen Sie den Zylinder mit einem Gummipfropfen. Die Flüssigkeiten werden durch mehrfaches Kippen des Messzylinders vermischt. Mit einer Pipette wird nun die Messflüssigkeit (Jodit-Jodat-Lösung, ebenfalls mitgeliefert) tropfenweise hinzugegeben und jedes mal durch Kippen mit der Grundflüssigkeit vermischt. Die Flüssigkeit färbt sich kurzfristig blau. Befindet sich noch freie schweflige Säure in der Flüssigkeit, verschwindet die Farbe sofort wieder. Bleibt jedoch für fünf bis zehn Sekunden eine blauviolette Färbung erhalten, ist die Säure neutralisiert und Sie können den Gehalt an freier schwefliger Säure an der gelben Skala in mg/l ablesen.

Bestimmen Sie den Gehalt der freien schwefligen Säure nach Möglichkeit zweimal, um sicher zu sein, dass keine Überschwefelung stattfindet.

Bestimmung der gesamten schwefligen Säure

Das Verfahren entspricht der Messung der freien schwefligen Säure. Die zu messende Flüssigkeit wird bis zur unteren gelben Strichmarke eingefüllt. Die mitgelieferte Titrovin-Lauge wird bis zur grünen Strichmarke über der grünen Bezeichnung »Lauge« dazugegeben. Vermischen Sie danach beide Flüssigkeiten durch Kippen. Nach zehn Minuten die Titrovin-Säure (mitgeliefert) bis zur Nullmarke der

gelben Skala füllen und die Flüssigkeiten wie bereits beschrieben vermischen.
Beginnen Sie nun sofort mit dem Titrieren. Färbt sich die Flüssigkeit blauviolett und bleibt die Färbung für fünf bis zehn Sekunden bestehen, kann der Gehalt an gesamter schwefliger Säure an der gelben Skala in mg/l abgelesen werden.

Das Vinometer (Alkoholmeter) zeigt an, ob Ihr Wein ein »leichter« oder »starker« Tropfen ist.

Vinometer

Das Vinometer dient zur Bestimmung des Alkoholgehaltes im Wein. Das Gerät besteht aus Glas, hat einen breiten Trichter und eine lange, schlanke Röhre, die am unteren Ende ein kleines Loch besitzt.

Bestimmung des Alkoholgehalts

Zur Messung füllen Sie den Wein in den Trichter des Vinometers, bis er unten aus dem Loch herausläuft. Verschließen Sie jetzt das Loch mit einem Finger und drehen Sie das Vinometer um, damit der Wein herauslaufen kann. Nehmen Sie nun den Finger vom Loch, halten Sie das Messgerät senkrecht und lesen Sie den Alkoholgehalt an der Skala ab. Die Messung ist zwar nicht sehr genau, etwa plus/minus ein Prozent, doch für den Hobbywinzer reicht sie im Allgemeinen aus.

Nicht nur für professionelle Winzer, sondern auch für Ihre hauseigene Weinproduktion sind möglichst genaue Messwerte unentbehrlich, um die Qualität eines Weins zu garantieren.

Weichen Sie die Naturkorken vor Gebrauch stets acht bis zwölf Stunden in kaltem Wasser ein, damit sie ihren Eigengeschmack verlieren und elastisch werden.

Kleingeräte zur Weinzubereitung

1. Pipetten
Die Pipetten dienen je nach Größe zur kontrollierten Entnahme von Most und Wein oder von Messflüssigkeiten.

2. Handverkorker
Sie dienen zum Verschließen der Weinflaschen mit Naturkorken oder Kronenkorken. Es gibt sie in Ausführungen von 15 bis über 600 Mark. Für welche Handverkorker Sie sich entscheiden, richtet sich nach der Anzahl der zu verschließenden Flaschen und Ihrem Geldbeutel. Vor der Benutzung empfehlen sich ein paar Trockenübungen an leeren Flaschen.

3. Weinheber
Die Weinheber dienen zum Umfüllen des Weins von einem Ballon in den anderen. Das Gleiche lässt sich auch mit einem normalen Schlauch bewerkstelligen. Statt des lästigen Ansaugens des Weins mit dem Mund wird beim Weinheber eine Hand- oder Fußpumpe verwendet.

4. Poli-Fix-Filter
Dies ist ein Trichterfilter mit einem Fassungsvermögen von etwa drei Litern. Er kann mit einer Perlonfiltereinlage als Grobtrubfilter und mit einem Faltenfilter aus Papier als Feinfilter ausgestattet werden. Die Filter sind sowohl für Ballonflaschen als auch für Weinflaschen zu verwenden.

5. Plastikschläuche
Plastikschläuche sind mit verschiedenen Durchmessern als Meterware erhältlich. Sie können mit einem Abfüllhahn, der das Abziehen des Weins auf Weinflaschen erheblich erleichtert, ausgerüstet werden.

6. Handpressbeutel
Handpressbeutel können Sie sich aus grobem Leinentuch, Nylon oder Perlon selber anfertigen. Mit ihnen pressen Sie die Maische von Hand aus. Dies ist zwar etwas mühselig, aber ein gutes Körpertraining. In den USA benutzen einige Hobbywinzer diese Beutel, um darin die Maische zu vergären. Nach Beendigung der Maischegärung nehmen sie die Beutel mit der Maische aus der Flüssigkeit und lassen sie nur ablaufen. Dadurch findet sich relativ wenig Trub im Most.

7. Flaschenbürsten
Sie gibt es in verschiedenen Formen und Größen. Achten Sie bei der Anschaffung darauf, dass Sie möglichst gebogene Bürsten kaufen, damit Sie die Glasballons gut reinigen können.

8. Naturkorken und Gummikappen
Naturkorken nehmen Sie zum Verschließen von Weinflaschen. Glasballons, aber auch Saftflaschen können Sie mit Gummikappen verschließen. Es gibt sie mit geschlossenem Deckel oder mit verschiedengroßen Bohrungen für die unterschiedlichen Găraufsätze. Am besten legen Sie sich gleich ein ausreichend großes Sortiment davon zu.

Die geeigneten Räume

Wenn Sie mehr als einen Ballon Wein zubereiten wollen und möglichst professionell arbeiten möchten, brauchen Sie zwei getrennte Räume.

Der Gärraum

Er dient zur Vorbereitung der Früchte und als Gärraum für die erste, die stürmische Gärung. Er muss in jedem Fall folgende Anforderungen erfüllen:

- gut belüftbar sein,
- ausreichend Platz für das Mahlen, Entsaften und Einmaischen der Früchte bieten,
- Stellfläche für mehrere Ballons bieten,
- eine Temperatur zwischen 15 und 25 °C halten können,
- einen Wasseranschluss besitzen,
- gut zu reinigen sein,
- verdunkelbar sein.

Geeignet sind beispielsweise Garagen, Waschküchen oder saubere Heizungskeller.

Um eine möglichst gleichbleibende Temperatur von 8 bis 12 °C halten zu können, müssen Sie den Gärraum eventuell heizen.

Der Lagerraum

Im zweiten Raum soll der Wein kellertechnisch behandelt werden, reifen und lagern. Er sollte daher

- eine möglichst gleichbleibende Temperatur von 8 bis 12 °C haben,
- eine Luftfeuchtigkeit von 60 bis 70 Prozent haben,
- ausreichend Platz zum Lagern von Gärballons, Weinflaschen und sonstigen Materialien besitzen sowie über genügend Arbeitsplatz zum Abziehen der Weine und für die Kellerarbeiten verfügen,
- möglichst einen Wasseranschluss besitzen,
- leicht zu reinigen sein,
- abgedunkelt werden können.

Die Rohstoffe – Blüten, Früchte, Gemüse

Wein können Sie, wie Sie auch aus dem nachfolgenden Rezeptteil ersehen werden, aus nahezu jeder Blüte, jeder Frucht, jedem Gemüse und vielen Kräutern zubereiten. Sie können ihn sogar nur aus Wasser, Zucker und Hefe herstellen.
Sie werden bald herausfinden, welche Fruchtweine Ihnen besonders zusagen. Versuchen Sie Ihre eigenen Vorlieben, Geschmacksnuancen und Verfahrenstechniken zu entwickeln. Wein ist ein lebendes Produkt mit einem eigenen Charakter und immer neuen Ausprägungen, das jeder auf seine Weise und nach seinem Geschmack genießen wird und soll.

Grundsätzlich gilt: Aus angefaultem Obst lässt sich kein akzeptabler Wein keltern.

Auswahl der Früchte

Wie bei der Herstellung jedes anderen Produkts, so ist auch bei der Zubereitung von Wein der Ausgangsrohstoff von grundsätzlicher Bedeutung.
Es ist ratsam, bei der Auswahl des Rohstoffs heikel zu sein. Nehmen Sie nur beste, voll ausgereifte Früchte. Unreife Früchte ergeben keinen guten Wein. Überreifes Obst ist nicht mehr geeignet, da es bereits Zucker, Säure und Geschmack abgebaut hat.
Steinobst ist reif, wenn es weich und süß ist und das Fruchtfleisch sich leicht vom Stein löst. Kernobst sollte nach dem Ernten noch etwas lagern, um ganz auszureifen. Bei Äpfeln eignen sich die späten Sorten wegen ihres ausgewogeneren Zucker-Säure-Gehaltes besser als die frühen Sommersorten.
Sortieren Sie fauliges Obst aus. Das mag bei Erdbeeren, Kirschen oder Beerenobst mühselig sein, erhöht aber die Qualität Ihres Endprodukts. Unreifes Obst entwickelt wenig Geschmack und besitzt zu

viel Säure. Verwechseln Sie faules Obst aber nicht mit Edelfäule, die bei Beeren und Weintrauben gelegentlich auftreten kann. Edelfäule ist an Früchten sehr erwünscht, da sie die Qualität des Weins erheblich verbessert. Edelfäule ist durch geschrumpfte Früchte und einen grauen Schimmelbelag auf den Früchten zu erkennen und tritt bei trockenem und warmem Herbstwetter auf.

Wenn Ihnen Naturbelassenheit etwas bedeutet, greifen Sie zu Früchten aus biologischem Anbau. Sie sind zwar etwas teurer, aber Sie können sich daraus einen »Biowein« keltern.

Herkunft der Früchte

Früchte für die Weinzubereitung können Sie sich auf vielerlei Weise beschaffen. Am einfachsten und billigsten ist natürlich die Ernte aus dem eigenen Garten oder die vom Nachbarn. Oftmals wird dieser Ihnen sogar dankbar sein, wenn Sie ihn von seinen überschüssigen Äpfel, Birnen, Pflaumen etc. befreien. Aber auch Wochenmärkte oder Supermärkte sind gute und preisgünstige Bezugsquellen. Sprechen Sie am Samstag kurz vor Markt- oder Ladenschluss mit den Händlern, und Sie werden in der Regel einen guten Preis für die von Ihnen gewünschte Menge aushandeln können. Kein Händler liebt es, über das Wochenende reifes Obst einzulagern. Sie können auch über Land fahren, um Mostobst direkt bei den Obstbauern zu kaufen, oder in die Feldmark gehen und frische Beeren pflücken. Denken Sie beim Selbstpflücken daran, dass Früchte, die an Straßenrändern und Bahndämmen wachsen, verstärkt mit Umweltgiften belastet sind. Das ist bei der Weinzubereitung zwar nicht so kritisch, weil sich die meisten Schadstoffe beim Vergären zusammen mit anderen Trubstoffen am Boden ablagern, sollte aber dennoch vermieden werden.

Körbe statt Plastiktüten

Transportieren und lagern Sie das Obst am besten nicht in Plastikbeuteln oder -säcken. Es bekommt darin keine Luft, verdirbt schnell, verliert an Säure und Geschmack und wird von schädlichen Bakterien befallen. Verwenden Sie besser luftige Span- und Weidenkörbe, Holzsteigen oder grobporige Jutesäcke.

Obst waschen

Zu Hause sollten Sie die Früchte möglichst zügig aussortieren, waschen und sofort weiterverarbeiten. Beeren (Erdbeeren, Johannisbeeren, Himbeeren etc.) sollten Sie stets sehr vorsichtig waschen, denn Sie wollen ja den wertvollen süßen Saft nicht im Ausguss verlieren. Einige Hobbywinzer waschen Beeren aus diesem Grunde überhaupt nicht, zumal die Verunreinigungen während des Gärens und nach dem Abziehen als Satz am Boden zurückbleiben. Entscheiden Sie selbst, was Ihnen lieber ist.

Wenn Sie das Obst waschen, benutzen Sie am besten eine große Wanne und heben es anschließend mit einem Sieb heraus, damit es gut abtropfen kann. Benutzen Sie keine Eisen-, Kupfer- oder Zinkgefäße. Die Früchte dürfen nicht mit Metall in Berührung kommen. Die Fruchtsäure löst in Verbindung mit Metall Salzreaktionen aus, die zu Oxidationen und erheblichen Geschmackseinbußen führen können.

Beeren sollten Sie vorsichtig waschen. Achten Sie darauf, dass Sie sie nicht zerdrücken.

Wollen Sie Wein aus Wildfrüchten oder Kräutern herstellen, sollten Sie sie am Morgen sammeln, nachdem der Tau abgetrocknet ist. Blüten für Blütenwein sollten Sie an sonnigen Tagen hingegen erst am Mittag pflücken, wenn die Blüten sich entfaltet und ihr zartes Aroma voll entwickelt haben.

Die Obsternte, das Entsaften und das Keltern von Fruchtweinen sind in vielen ländlichen Gegenden heute noch selbstverständlich.

Die Arbeitsschritte

Im Folgenden werden alle nötigen Arbeitsschritte vom Verarbeiten der Früchte über den ersten Abstich bis hin zur Weinprobe aufgezeigt.

Maischen und Mahlen

Bevor Sie sich an die verschiedenen Arten der Verarbeitung der Früchte, an das Mahlen, das Entsaften und das Maischen machen, sollten Sie alle Geräte gründlich reinigen und mit zweiprozentiger schwefliger Säure sterilisieren. Kleine Teile legen Sie für einige Zeit in die schweflige Säure. Große Teile wie z. B. Glasballons schwenken Sie mit der Säure aus.

Stellen Sie sicher, dass das Obst, der Most oder die Maische nicht mit blanken Metallteilen in Berührung kommen! Dort wo es sich nicht vermeiden lässt (Fleischwolf, Mahlwerke), streichen Sie die in Frage kommenden Teile vorher gründlich mit Kelterlack ein.

Steinobst

Entfernen Sie alle Blätter, Stängel und Druckstellen und entsteinen Sie die Früchte, bevor Sie sie mit einem Holzstampfer oder mit einer Fruchtmühle zerquetschen. Sie können auch eines der anderen beschriebenen Geräte verwenden.

Kernobst

Blätter und Stiele müssen entfernt und faule und kranke Stellen herausgeschnitten werden. Schneiden Sie das Obst in kleine Stücke. Wenn Sie ganz gründlich sein wollen, können Sie auch das Kerngehäuse entfernen. Die Kerne dürfen nicht zerquetscht werden, da sie schädliche Stoffe enthalten. Zum Mahlen von Kernobst eignet sich eine Obstmühle. Sie sollte allerdings geriffelte, mit Stacheln versehene Walzen haben, damit die gegeneinander laufenden Walzen die Obststücke bereits vor dem Zermahlen zerreißen. Wenn Ihnen die Verarbeitung von Äpfeln und Birnen zu viel Arbeit bereitet und Sie in der

Nähe eines Obstanbaugebietes wohnen, können Sie das Obst auch bei einer Lohnkelterei auspressen lassen oder naturreinen Saft bei einer Süßmostkelterei kaufen und weiterverarbeiten.

Kernobst wie Äpfel und Birnen werden vorwiegend als Most zu Wein verarbeitet. Das gemahlene Obst längere Zeit als Fruchtmus (Maische) stehen zu lassen wäre zu riskant, da es ein vorzüglicher Nährboden für schädliche Mikroorganismen ist.

Wenn Sie gemahlenes Obst länger stehen lassen, haben Mikroorganismen leichtes Spiel. Die Folge: Der Wein verdirbt leichter.

Beeren

Sie sollten von Blättern und – sofern vorhanden – von Rispen befreit (entrappt) werden. Das gilt für Johannisbeeren und Fliederbeeren. Sollten Sie jedoch den herben Gerbsäuregeschmack französischer Rotweine lieben, können Sie die Rispen (Rappen) mitpressen. Die Früchte können Sie von Hand, mit einem Stampfer oder mit einer Mühle zerkleinern.

Steinobst, Beeren und Früchte mit geringer Saftbildung werden mittels Maischegärung zu Wein verarbeitet.

Gemüse

Gemüse muss gründlich geschrubbt werden. Kurz vor dem Mahlen wird es in kleine Stücke zerschnitten. Als Mühle eignet sich ein Fleischwolf, noch besser aber eine Fruchtmühle oder ein elektrischer Haushaltsentsafter.

Kräuter

Sie werden gewaschen und auf die gleiche Weise wie das Gemüse zermahlen. Es können auch getrocknete Kräuter verarbeitet werden.

Blüten

Sie können als Blütenblätter oder auch als ganze Blüten ohne die grünen Kelchblätter vergoren werden.

Die Weiterverarbeitung der Maische

Da beschädigte Früchte, also auch zermahlene, schnell von Bakterien, Essigfliegen oder Sauerstoff angegriffen werden, muss das Fruchtmus, die Maische, zügig verarbeitet werden. Schon wenige Stunden Standzeit reichen bei sommerlichen Temperaturen aus, um die frisch gemahlene Maische zum Vergären zu bringen.
Geben Sie das zu Maische gemahlene Obst in einen Gärbehälter mit weiter Öffnung (Weithalsbehälter) und Schraubverschluss. Am besten verwenden Sie dazu einen weiten Kunststofftrichter. Der Schraubverschluss muss eine Öffnung für einen Gäraufsatz enthalten. Achten Sie darauf, dass Sie den Gärbehälter nur bis zur Hälfte befüllen, denn Maischegärung schäumt stark auf.

Das Antigeliermittel gibt es in jeder Drogerie zu kaufen. Durch seine Zugabe klärt sich der spätere Wein leichter.

Behandlung der Maische mit Pektin spaltenden Enzymen (Antigeliermittel)

Sieht man einmal vom Kernobst ab, so ist die Saftgewinnung nicht so einfach. Besonders Beerenfrüchte enthalten in erheblichem Umfang Pektin, das beim Kochen von Marmelade durchaus erwünscht ist, das die Mostgewinnung jedoch nachteilig beeinflusst. Pektin hält die Fruchtfleischzellen zusammen und verhindert dadurch, dass Saft, Geschmack- und Farbstoffe freigegeben werden. Um aus den Früchten Saft (Most) zu gewinnen, muss das Pektin zerstört werden. Das Aufreißen der Zellwände mit den Obstmühlen etc. reicht dazu nicht aus. Zwar wird beim Beschädigen der Früchte das in jeder Frucht enthaltene Enzym Pektinase frei – ein ebenfalls Pektin spaltender Stoff –, doch dieser natürliche Vorgang läuft zu langsam ab. Man müsste die Maische zu lange stehen lassen, bevor sich der Spaltungsprozess der Pektinase wirkungsvoll auf die Mostgewinnung auswirken würde. Um die Standzeit der Maische zu verkürzen und damit die Gefahr des Verderbens zu verringern, werden im Labor entwickelte Antigeliermittel, wie z. B. das Kitzinger Antigel, Ultrazym 100 oder Pertinex, zur Maische gegeben. Es sind ebenfalls natürliche Enzyme, die das Pektin auf biologische Weise spalten. Die Maische wird dünnflüssiger. Sie lässt sich besser abpressen und liefert mehr Saft. Außerdem werden mehr Aroma- und Farbstoffe freigesetzt, und die natürlichen Trubstoffe im Most setzen sich schneller ab. Die Antigeliermittel sind sehr temperaturabhängig. Bei 10 °C und weniger ist das Antigeliermittel wirkungslos, und bei 55 °C und höher wird es abgetötet. Bei 15 °C muss die Maische etwa 15 Stunden ruhen, damit das Pektin aufgespalten wird. Erhöhen Sie die Maischetemperatur jeweils um 10 °C, verdoppelt sich die Reaktionszeit des Antigeliermittels entsprechend und die Standzeit der Maische wird halbiert. Sie beträgt bei einer Temperatur von 25 °C nur noch sieben bis zehn Stunden. Da die einzelnen Antigeliermittel unterschiedlich wirken, entnehmen Sie die jeweilige Dosierung bitte der Gebrauchsanweisung in der Verpackung.

Da Antigeliermittel hitze- und kälteempfindliche Enzyme enthalten, ist die richtige Temperatur sehr wichtig: Sie liegt zwischen 10 und 50 °C.

Überprüfen und Einstellen des Zuckergehaltes

Gleich nach dem Mahlen der Früchte füllen Sie etwas Maische in einen Pressbeutel und pressen etwas Saft von Hand aus. Mit dem Saft messen Sie mit der Oechslewaage den Zuckergehalt der Maische. Die Überprüfung muss vor Beginn der Maischegärung erfolgen, da der sich entwickelnde Alkohol die Messwerte verändert. Anhand der Messdaten entscheiden Sie, ob und wie die Maische aufgebessert werden soll.

Richtiger Säuregehalt

Im Allgemeinen wird Apfelmost mit einem durchschnittlichen Zuckergehalt von 45 – 65 °Oechsle und einer Gesamtsäure von 5 – 10 g/l Säure und Birnenmost (40 – 65 °Oechsle und 3 – 7 g/l Säure) zu leichtem, relativ zügig zu konsumierendem Tischwein gekeltert. Alle anderen Obstsorten lassen sich besser zu Frucht- oder Dessertweinen ausbauen. Durch den höheren Alkohol- und Säuregehalt können diese Weine länger gelagert werden. Der richtige Säuregehalt ist außerdem, wie bereits angesprochen, für den harmonischen Geschmackausbau wichtig.

Wollen Sie die Obstmaische zu Dessertwein ausbauen, müssen Sie die Maische in der Regel nachsüßen. Um das Mostgewicht um einen Oechslegrad zu erhöhen, müssen Sie 2,6 Gramm Zucker pro Liter hinzufügen.

Um zehn Liter Maische um 1 °Oe zu erhöhen, müssen 26 Gramm Zucker zur Maische gegeben werden.

Trocken- oder Nasszuckerung

Die Zugabe von Zucker kann als Trocken- oder Nasszuckerung erfolgen. Beim Süßen von Maische mit geringem Säuregehalt empfiehlt sich Trockenzuckerung, bei Maische mit hohem Säuregehalt Nasszuckerung.
Unabhängig davon, welches Verfahren Sie zum Nachsüßen wählen, erhöht sich durch die Zugabe von Zucker das Gesamtvolumen von Maische oder Saft um 0,62 Liter pro ein Kilogramm Zucker.

Beispielsrechnung für Trockenzuckerung

Nehmen wir an, Sie haben zehn Liter Kirschmost mit einem Mostgewicht von 80 °Oechsle und einem Gesamtsäuregehalt von 8 g/l. Sie wollen den Most zu einem Dessertwein mit 120 °Oechsle und 10 g/l Säure ausbauen.
Bei der Trockenzuckerung wird der Zucker direkt mit der Maische vermischt. Sie können ihn zuvor in etwas Saft, den Sie aus der Maische abgepresst haben, auflösen. Durch die Zuckerzugabe in trockener Form wird der Säuregehalt der Maische nicht verändert.

So berechnen Sie die Zuckerzugabe

Schritt 1: Verbesserung in Grad Oechsle

Gewünschte Oe	– gemessene Oe	= Verbesserung in Oe
120 °Oe	– 80 °Oe	= 40 °Oe

Schritt 2: Bestimmung der Zuckermenge

40 °Oe	x 2,6 g/l Zucker	= 104 g/l Zucker
100 g/l Zucker	x 10 l Maische	= 1000 g Zucker

Ergebnis: Es muss ein Kilogramm Zucker zur Maische gegeben werden.

Beispielsrechnung für Nasszuckerung

Bei der Nasszuckerung wird die errechnete Menge Zucker, in unserem Beispiel 1000 Gramm, in einem Liter heißem Wasser aufgelöst und nach dem Abkühlen auf 20 °C in die Maische gerührt. Diese Zuckerung hat den Vorteil, dass sich der Zucker besser in der Maische verteilen lässt. Der Nachteil: Durch den Zusatz von Wasser wird die Maische verdünnt und damit der gemessene Zucker- und der Säuregehalt um die Menge des zugeführten Wassers (Zuckerwasser) geringer. Mit 1000 Gramm Zucker wurden die zehn Liter Maische auf 120 °Oechsle verbessert. Der Zucker wurde in einem Liter Wasser aufgelöst und zur Maische gegeben. Damit sind nicht mehr zehn Liter Maische vorhanden, sondern ein Gemisch von elf Litern. Es fehlen also für diesen einen Liter die gewünschten 120 °Oechsle. Sie müssen bei der Berechnung der Zuckermenge berücksichtigt werden.

So berechnen Sie die Nasszuckerung

120 °Oechsle x 2,6 g/l Zucker ergeben 300 Gramm Zucker.
Die Nasszuckermenge beträgt demnach 1000 Gramm für 10 Liter Maische plus 300 Gramm für einen Liter Wasser. Es müssen also 1300 Gramm Zucker zugegeben werden.

Eine Faustregel lautet, dass der Zusatz von gezuckertem Wasser ein Zehntel des gesamten Mostvolumens nicht überschreiten sollte.

Überprüfen und Nachbessern des Säuregehaltes

Genauso wie Sie mit der Mostwaage das Mostgewicht bestimmt haben, bestimmen Sie nun mit dem Acidometer die Gesamtsäure.
In unserem Beispiel haben Sie 8 g/l gemessen. Der Wein soll jedoch auf einen Gesamtsäuregehalt von 10 g/l ausgebaut werden. Der Most muss also mit Säure nachgebessert werden. Dazu wird 80-prozentige Milchsäure genommen. Um den Säuregehalt um 1 g/l zu erhöhen, werden 1,25 Milliliter 80-prozentige Milchsäure benötigt. Die Milchsäure können Sie in Apotheken oder Weinfachgeschäften beziehen.

Berechnung der Menge an 80-prozentiger Milchsäure

1. Bei Trockenzuckerung

Schritt 1: Ermittlung der fehlenden Säure in g/l
Gewünschte Säure minus vorhandene Säure: 10 g/l – 8 g/l = 2 g/l
Schritt 2: Berechnung der Gesamtmenge an 80-prozentiger Milchsäure
Fehlende Säure/l x Faktor, um Gesamtsäure um 1 g/l zu erhöhen x Menge des Ansatzes = benötigte Milchsäure: 2 x 1,25 x 10 l = 25 ml
Ergebnis: Es werden 25 ml 80-prozentige Milchsäure benötigt, um den Most auf den gewünschten Säurewert zu verbessern.

2. Bei Nasszuckerung

Wurde nachgezuckert, muss zunächst der Säuregehalt überprüft werden.
Das können Sie durch Messen oder durch Berechnen tun. In diesem Beispiel wird berechnet.
8 g/l wurde gemessen, d. h., in den zehn Litern Most befinden sich: 10 l x 8 g/l = 80 g Gesamtsäure
Durch das Nasszuckern wurde die Flüssigkeitsmenge um einen Liter erhöht, also sind noch vorhanden: 80 g Säure: 11 l = 7,27 g/l Gesamtsäure
Schritt 1: Ermitteln der fehlenden Säure in g/l
Gewünschte Säure minus vorhandene Säure: 10 g/l – 7 g/l (abgerundeter Wert) = 3 g/l
Schritt 2: Berechnung der Gesamtmenge an 80-prozentiger Milchsäure
Fehlende Säure/Liter x Faktor, um Gesamtsäure um 1 g/l zu erhöhen x Menge des Ansatzes = benötigte Milchsäure: 3 x 1,25 x 11 l = 41,25 ml
Ergebnis: Es werden 41,25 ml 80-prozentige Milchsäure benötigt, um den Most auf den gewünschten Säurewert zu verbessern.

Das Schwefeln

Grundsätzlich könnten Sie auch auf das Schwefeln verzichten, wenn Sie auf optimale Sauberkeit geachtet haben.

Nachdem Sie die Maische nach Ihren Wünschen verbessert haben, müssen Sie sich Gedanken über ihre Haltbarkeit machen.
Wie Sie wissen, vermag das Schwefeln das Wachstum der unerwünschten Oxidationsenzyme, die Arbeit der wilden Hefepilze und das Wirken von Essigbakterien zu verhindern. Wenn Sie nur gesundes und reifes Obst verarbeitet haben, alle Geräte optimal sauber waren und die Früchte zügig verarbeitet wurden, dann könnten Sie auch

ohne Schwefelung der Maische auskommen. Mit Schwefeln sind Sie jedoch auf der sicheren Seite. Daher empfehle ich Ihnen zumindest für den Anfang zu schwefeln, vorausgesetzt, Sie sind nicht gegen Schwefel allergisch. Schließlich wollen Sie Ihre Arbeit mit einem guten Tropfen Wein belohnt sehen. Zum Schwefeln nehmen Sie Kaliumdisulfit (KD). Für zehn Liter Maische benötigen Sie ein bis zwei Gramm. Das Kaliumdisulfit lösen Sie in etwas Saft auf und vermischen es gut mit der Maische.

Trocken- oder Flüssighefen?

Als nächster Schritt erfolgt das Ansetzen und Zugeben von Gärhefe. Sie können zwischen flüssigen und trockenen Reinzuchthefen wählen. Flüssige Reinzuchthefen gibt es für eine breite Geschmacks- und Anwendungspalette. Und UVAFERM-Trockenhefen sind beispielsweise getrocknete Reinzuchthefen ohne chemische Zusätze.

Flüssige Reinzuchthefen gibt es in bestimmten Rassen, die auf die jeweiligen Obstsorten, beispielsweise Apfelwein und Johannisbeerwein abgestimmt sind.

Vorteile der trockenen Reinzuchthefen

Diese haben die gleichen positiven Eigenschaften, benötigen jedoch nur geringe Ansetzzeiten von 15 bis 30 Minuten.

1 UVAFERM CM enthält pro Gramm Hefe 20 bis 30 x 1019 lebende Hefezellen. Sie ist für die Vergärung von Mosten und Maischen sowie Säften aus Konzentraten geeignet. Die optimale Gärtemperatur liegt zwischen 15 und 30 °C. Bei Gärtemperaturen über 25 °C sollte der Gärbehalter gekühlt werden. Die Dosierung liegt beim Most zwischen 5 –15 g/hl, bei Maischen bei 15 –20 g/100 kg und bei Konzentratsäften bei 15 –20 g/hl.

2 UVAFERM BC hat eine etwas geringere Konzentration an lebenden Hefezellen pro Gramm. Diese Trockenreinzuchthefe eignet sich für das erneute Starten einer steckengebliebenen Gärung, für Dessertweinzubereitung und für die Weinherstellung aus Konzentratsäften. Die optimale Gärtemperatur liegt zwischen 12 und 30 °C. Die Gärung verläuft etwas langsamer als bei UVAFERM CM, gärt aber bei hohem Zucker- oder Alkoholanteil sehr gut an. Für Moste werden 10–15 g/hl, für Maischen 15–20 g/100 kg, bei Gärstockung 20 bis 50 g/hl und bei Saftkonzentratvergärung 15–25 g/hl eingesetzt.

Zuführen von Flüssigkeit

Bevor die Trockenreinzuchthefe in die Maische gegeben wird, muss sie rehydriert werden, d. h., die beim Trocknen entzogene Flüssigkeit muss wieder zugeführt werden. Dazu wird sie in etwa der zehnfachen Menge Wasser oder in einer Wasser-Saftmischung von 1:1 aufgelöst. Die Mischung lässt man bei 35 bis 40 °C etwa 15 bis 30 Minuten lang quellen und rührt sie dann unter die Maische. Nach drei bis sechs Stunden können Sie den Beginn der Gärung feststellen.

Vor- und Nachteile der flüssigen Reinzuchthefen

- Sie verringern die Oxidationsgefahr durch schnelles Angären.
- Sie senken den Schwefelbedarf.
- Sie beschränken die Entwicklung wilder Hefen.
- Sie führen eine schnelle Klärung nach der Gärung herbei.

Der Nachteil: Flüssige Hefen müssen einige Tage vor Gebrauch angesetzt werden und stehen deshalb nicht rasch zur Verfügung.

Hefenährsalze sind Stickstoffverbindungen wie NH_4SO_4 = Ammoniumsulfat oder $(NH_4)_3PO_4$ = Ammoniumphosphat, die die Reinzuchthefe für die Gärung benötigt.

Wann werden Hefenährsalze benötigt?

Besteht die Maische ausschließlich aus Fruchtmus, ist eine Zugabe von Hefenährsalzen nicht zwingend erforderlich. Die Reinzuchthefe benötigt Stickstoff, um zu arbeiten. In reiner Maische oder Most ist Stickstoff in der Regel in ausreichender Menge vorhanden. Es gibt jedoch auch Fruchtarten, z. B. Preiselbeeren und Heidelbeeren, die nicht über ausreichend Stickstoff verfügen. Das Gleiche gilt für Maischen, die durch Nasszuckerungen oder Wasserzugaben verdünnt werden. In diesen Fällen empfiehlt sich die Zugabe von Hefenährsalzen. Dosierung: vier Gramm pro zehn Liter.

Gärphasen der Maische

Sobald Sie je nach Erfordernis Zucker, Wasser, Säure, Schwefel, Hefe und Hefenährsalz in die Maische gegeben und gut verrührt und den Gärbehälter nur bis zur Hälfte gefüllt haben, wird der Deckel aufgeschraubt und der Gäraufsatz mit Hilfe eines Gummistopfens oder eines Korkens in das Spundloch eingesetzt. Die Verbindungsstellen zwischen Deckel, Korken und Gäraufsatz können zusätzlich mit Wachs abgedichtet werden. Als Gäraufsatz eignen sich Gärtrichter der Marken Hobby und Duplex. Der Gäraufsatz wird mit einer Sperrflüssigkeit bis zur angegebenen Höhe gefüllt. Als Sperrflüssigkeit kommen Wasser, Alkohol oder zweiprozentige schweflige Säure in Frage.

Der Gärbehälter wird nun in einen abgedunkelten, 15 bis 25 °C warmen Raum gestellt. Wichtig ist, dass der Gärvorgang schnell startet. Voraussetzung dafür sind die richtige Hefe, das Hefenährsalz und die richtige Raumtemperatur. Sollte die Gärung trotz aller Sorgfalt nur schleppend anlaufen, besteht die Gefahr, dass sich vermehrt Azetaldehyd bildet, das Schwefel bindet. Schwefel hat aber nur dann eine keimhemmende und stabilisierende Wirkung, wenn mindestens 25 bis 35 mg/l ungebundene (freie) schweflige Säure in Most, Maische oder Wein vorhanden ist. Auch Essigsäure kann sich durch einen schlechten Gärstart bilden. Überprüfen Sie in einem solchen Fall, ob Sie die richtige Hefe genommen haben. Geben Sie weiteres Hefenährsalz hinzu, sorgen Sie dafür, dass die Gärtemperatur bei 20 bis 24 °C liegt, schwenken Sie den Ballon, damit sich Hefe und Nährsalz gut verteilen, und geben Sie etwas gärfreudigen Saft, z. B. Apfel- oder Traubensaft, hinzu.

Der Gärvorgang sollte auf alle Fälle innerhalb von fünf Tagen einsetzen.

Die stürmische Gärung

Der Gärbehälter sollte täglich überprüft werden. Sollte wider Erwarten Schaum aus dem Gäraufsatz gedrückt werden, muss der Aufsatz sofort gereinigt werden.

Wurde ein Glasballon als Gärgefäß verwendet, könnte er durch den sich aufbauenden Druck zerspringen. Da Sie den Gärbehälter aber nur

bis zur Hälfte gefüllt haben, dürfte dieses Problem überhaupt nicht entstehen. Verschmutzte Sperrflüssigkeit sollten Sie auswechseln.
Alle ein bis zwei Tage müssen Sie die Maische gründlich umrühren oder kräftig schwenken, damit der auf der Maische schwimmende Tresterkuchen richtig unter die Flüssigkeit gemischt wird. Dies ist wichtig, damit die Geschmacks- und Farbstoffe aus der Masse herausgelöst werden.
Jeden dritten bis vierten Tag können Sie auch eine Mostgewichtsprobe der Maische entnehmen. Sie ersehen daran, wie die Oechslewerte langsam abfallen. Der Zucker wird von der Hefe zu Alkohol, Kohlendioxid, Wärme und Nebenprodukten verarbeitet. Die gemessenen Oechslegrade sollten Sie zur Kontrolle mit Kreide auf den Gärbehälter schreiben. Nach ein bis zwei Wochen ist die stürmische Gärung abgeschlossen. Es ist ruhiger im Gärbehälter geworden. Nun ist es an der Zeit, den vergorenen Most in einen Glasballon abzuziehen und die Maische auszupressen.

Nicht vergessen: Die Maische alle zwei Tage umrühren und alle vier Tage eine Probe entnehmen!

Die stille Gärung

Nachdem ein neuer Glasballon gründlich gereinigt und mit einer zweiprozentigen schwefligen Säure sterilisiert worden ist, wird er bis zu 9/10 mit Most gefüllt. 1/10 muss als Steigraum für die Gärung verfügbar bleiben. Das Abziehen geschieht wie auf Seite 70 beschrieben. Den befüllten und mit einem Gäraufsatz verschlossenen Ballon geben Sie dann in einen abgedunkelten, etwas kühleren Raum (ca. 15 bis 18 °C). Der Most hat jetzt einige Wochen Zeit, zu Ende zu gären.

Die Mostverarbeitung

Da Apfel- und Birnenwein aus Most (Saft) hergestellt wird, kann das Obst sofort nach dem Mahlen gepresst werden. Eine Maischevergärung würde zu viele Gerbstoffe enthalten.
Zum Pressen eignen sich am besten die beschriebenen Pack- oder Obstpressen. Sollten Ihnen solche Geräte zu teuer sein, empfiehlt es

Für die Mostverarbeitung sind nur noch selten große, von Hand betriebene Holzpressen im Einsatz, wie hier in der Toskana.

sich, die Früchte zu einer Lohnmosterei zu bringen, die mit ihren leistungsfähigen Maschinen eine Saftausbeute bis zu 0,7 Liter pro Kilo Äpfel erreicht, während Sie mit den üblichen Haushaltsmethoden hingegen kaum mehr als 0,5 Liter gewinnen können.

Denken Sie daran, dass alle mit dem Saft in Berührung kommenden Teile sorgfältig gereinigt und sterilisiert sein sollten.

Sobald die Hefezellen keine Nährstoffe mehr finden, sinken sie zu Boden (der Hefetrub), und die stürmische Gärung geht nahtlos in die stille Gärung über.

Achtung: Erstickungsgefahr!

Wenn Sie mehrere Gefäße mit vergärender Maische oder gärendem Saft in Ihrem Gärraum stehen haben, müssen Sie für eine gute Belüftung sorgen. Das Kohlendioxid, das bei der Gärung entweicht, ist unsichtbar und schwerer als Sauerstoff. Es sinkt zu Boden und steigt von dort langsam nach oben. Würden Sie einen Dackel in den Raum setzen, würde er ersticken. Ihnen würde es nicht anders ergehen, wenn Sie stolpern und einige Minuten auf dem Fußboden liegen bleiben würden. Vermeiden Sie diese Gefahr, indem Sie den Raum immer wieder gut durchlüften.

Die erste Pressung

Nach dem ersten Pressgang können Sie den Most sofort weiterverarbeiten oder ihn noch etwas stehen lassen, um den Trester (das zusammengedrückte Fruchtfleisch) ein zweites Mal auszupressen. In diesem Fall sollten Sie den Saft mit einem Gramm Kaliumdisulfit pro zehn Liter schwefeln. Nur so können Sie sicher sein, dass er nicht von schädlichen Bakterien befallen wird. Füllen Sie den Saft in ein sauberes und sterilisiertes Gefäß und verschließen Sie es.

Wenn Sie zweimal pressen möchten, sollten Sie daran denken, den gewonnenen Saft zu schwefeln.

Die zweite Pressung

Als Nächstes zerkrümeln Sie den Trester (vorher Hände waschen!) und vermischen ihn mit Wasser (ein Liter auf zehn Kilogramm Maische). Schwefeln Sie den Obstbrei ebenfalls mit einem Gramm Kaliumdisulfit pro zehn Kilogramm Maische, und lassen Sie ihn mehrere Stunden abgedeckt einweichen. Danach auspressen.

Füllen Sie beide Säfte in einen Glasballon. Achten Sie darauf, dass der Saft aus der ersten Pressung vorsichtig eingefüllt wird. Durch die Lagerzeit haben sich bereits Trubstoffe am Boden abgelagert, die nicht mit umgefüllt werden sollten. Sie können ihn auch durch einen (sterilisierten) Trichter mit Filterpapier gießen. Viele Trubstoffe im Wein bedeuten eine schnelle Gärung. Der Ballon darf nur zu 9/10 mit Most befüllt werden. 1/10 wird als Steigraum für die Gärung benötigt.

Der Ausbau des Mostes

Spätestens jetzt müssen Sie sich entscheiden, was Sie mit dem Apfelmost machen wollen. Sie können z. B. den Ballon jetzt mit einem Gäraufsatz verschließen und ihn auf ganz natürliche Weise vergären lassen. Was Sie erhalten, wird ein sehr leichter Apfelwein mit vier bis sechs Prozent Vol. Alkohol sein. Er muss nach Beendigung der Gärung zügig getrunken werden, da er nicht lange lagerfähig ist. Sie können den Most aber auch wie jeden anderen Fruchtwein behandeln und ausbauen. Das bedeutet, Sie überprüfen zunächst den Zucker-

und Säuregehalt des Mostes, um festzustellen, wie Sie den Most verbessern müssen, um die von Ihnen gewünschte Weinart zu erzielen. Die Berechnung der Zugaben erfolgt wie bei der Maischegärung auf Seite 62. Die Mess- und Verbesserungswerte sollten Sie in einem Kellerprotokoll oder Weinbuch festhalten. Sie können damit den Werdegang Ihres Weins verfolgen und erleichtern sich die Kellerarbeit im nächsten Jahr.

Nachdem Sie den Most nach Ihren Vorstellungen verbessert haben, empfiehlt es sich, noch ein Antigeliermittel hinzuzugeben. Das Antigeliermittel ist vollkommen unschädlich, sorgt aber dafür, dass sich der Wein später besser klärt. Nun geben Sie Hefenährsalz (in der Regel vier Gramm auf zehn Liter) und Trockenreinzuchthefe (ca. zwei Gramm auf zehn Liter) hinzu.

Die Nährsalze und die Trockenhefe müssen getrennt in etwas Flüssigkeit aufgelöst werden. Für die Nährsalze nehmen Sie etwas Most, für die Trockenhefe eine Wasser-Saftmischung von 1:1. Das Nährsalz geben Sie sofort hinzu, die Hefe nach 15 bis 30 Minuten. Sie wird genau wie der Zucker, die Säure und das Nährsalz gründlich mit dem Most verrührt. Gut eignet sich dafür eine Bohrmaschine mit einem Holz- oder Plastikstab, an dessen unterem Ende ein Holz- oder Plastikblatt befestigt wurde. Das Rührgestänge muss natürlich gereinigt und sterilisiert sein.

Als letzter Arbeitsgang wird die Ballonöffnung mit einem Gummistopfen und einem Gäraufsatz (Gärröhre, Hobby oder Duplex) verschlossen. Achten Sie darauf, dass keine Luft in den Ballon dringen kann. Im Zweifelsfall dichten Sie die Verbindungsstellen mit Wachs ab. Den Gäraufsatz füllen Sie bis zur Hälfte mit Wasser.

Führen Sie unbedingt ein Kelterprotokoll oder ein Weinbuch, damit Sie alles genau zurückverfolgen und aus Fehlern lernen können.

Die erste Gärphase bei Most

Bei Apfelmost sollte die Gärtemperatur etwa 15 °C betragen. Den Beginn der Gärung werden Sie schon nach einigen Stunden beobachten können. In den Most kommt Bewegung: Die Fruchtteilchen werden umhergewirbelt, Kohlendioxid entweicht blubbernd aus dem Gäraufsatz, und es bildet sich eine Schaumschicht. Sie sollten den Gäransatz jetzt einmal täglich kontrollieren und ihn kräftig schwenken, damit sich alle Stoffe gut im Most verteilen. Da beim Gären Zucker in Alkohol und Wärme umgewandelt wird, kann sich der Gärbehälter aufheizen. Kontrollieren Sie die Temperatur. Mit etwas Erfahrung können Sie das mit der Hand tun. Stellen Sie fest, dass die Temperatur im Gärbehälter über 25 °C steigt, sollten Sie ihn kühler stellen oder mit nassen Tüchern kühlen. Messen Sie die Temperatur mit einem Thermometer. Vergessen Sie nicht, das Thermometer vorher mit schwefliger Säure zu sterilisieren. Doch keine Sorge: Eine Überhitzung tritt bei kleinen Glasballons selten auf. Haben Sie jedoch versehentlich den Gärballon zu voll gefüllt oder befanden sich im Most so viele Trubteilchen, dass der Steigraum bis obenhin mit Schaum gefüllt ist und bereits aus dem Güraufsatz gedrückt wird, dann müssen Sie eingreifen.

Zunächst muss die Gärung durch Kühlung verlangsamt werden. Tragen Sie aber den Gärballon nicht in einen kühleren Raum. Durch die Erschütterungen beim Umstellen wird die Gärung noch weiter angeheizt. Hat sich die Gärung etwas beruhigt, können Sie durch vorsichtiges Rütteln Kohlendioxid zum Entweichen bringen und so die Lage weiter entspannen. Der Gäraufsatz muss gründlich gereinigt und neu sterilisiert werden. Ebenso muss der übergeflossene Schaum vom Ballon und Lagerplatz entfernt werden. Er ist ein optimaler Nährboden für alle Arten von Schädlingen. War zu viel Most im Ballon, schöpfen Sie etwas mit einem sterilisierten Gerät ab. Danach alles wieder luftdicht verschließen.

Vermeiden Sie möglichst große Temperaturschwankungen. Sie wirken sich negativ auf den Gärprozess aus. Ist es nicht möglich, den Gärraum gleichmäßig zu temperieren, sollten Sie den Gärballon in einen mit Stroh oder einem anderem Isoliermaterial gefüllten Weidenkorb stellen.

Je nach Mostart und Alkoholgehalt ist die stürmische Gärung nach ein bis drei Wochen beendet. Sie erkennen es daran, dass sich der Schaum zurückbildet und das Blubbern im Gäraufsatz aufhört. Bei einem schweren Dessertwein kann diese Phase natürlich erheblich länger dauern.

Wenn der Gärprozess begonnen hat, kommt Bewegung in das Gefäß: Es fängt zu blubbern an, und eine Schaumschicht bildet sich.

Die zweite Gärphase bei Most

Im Gärballon geht es jetzt ruhiger zu. Die Masse der Hefe hat ihre Arbeit getan, zusammen mit den Trubstoffen lagert sie sich als heller Belag am Boden des Ballons ab. Nur die Reste des Zuckers werden noch vergoren. Der Gärbehälter sollte während dieser Phase in einen kühleren, dunklen Raum (etwa 15 bis 18 °C) gebracht werden. Dadurch verlangsamt sich der Gärprozess, und ein intensiveres Aroma kann sich entwickeln. Während dieser Zeit braucht der Wein nur überwacht zu werden. Der Göraufsatz muss immer mit sauberem Wasser gefüllt sein. Nach zwei bis drei Monaten, je nach Frucht- und Weinart, ist die zweite Gärphase beendet. Dessertweine benötigen länger. Sie können das Ende der Gärung daran feststellen, dass keine Gasbläschen mehr aufsteigen und der Belag am Boden unbeweglich liegen bleibt.

Sie können das Ende der Gärung auch durch Probieren feststellen. Schmeckt der Wein zu süß, ist noch zu viel Restzucker im Wein und die Gärung noch nicht abgeschlossen.

Eine mögliche Alternative

Eine andere Methode ist, Wein in eine Flasche abzuziehen, zu verschließen und an einen warmen Platz (25 bis 30 °C) zu stellen. Nach ein paar Tagen wird die Flasche geöffnet. Zischt es und bildet sich Schaum, war die Gärung noch nicht abgeschlossen. Füllen Sie die entnommene Flüssigkeitsmenge mit abgekochtem, abgekühltem Wasser oder besser mit Wein der gleichen Fruchtsorte vom letzten Jahr nach. Den entnommenen Wein dürfen Sie wegen möglicher Ansteckungsgefahr nicht zurückschütten. Rühren oder schwenken Sie den Wein im Ballon gut, damit der Bodenbelag aufwirbelt, und geben Sie ein Gramm Nährsalz auf zehn Liter dazu. Dann verschließen Sie den Ballon wieder.

Es kann einige Tage dauern, bevor Sie eine Gärreaktion sehen. Sie können auch mit Hilfe einer Oechslewaage feststellen, ob die Gärung abgeschlossen ist. Messen Sie weniger als ca. 30 °Oechsle, ist der Zucker gut vergoren. Liegen die Werte höher, kommen Sie nicht daran vorbei, die Gärung wie oben beschrieben wieder in Gang zu setzen. Das kostet natürlich Zeit.

Der erste Abstich

Ist die Gärung beendet und haben Sie bei einer Geschmacksprobe festgestellt, dass der Jungwein nicht zu viel Säure enthält, muss er von der Hefe, vom Bodenbelag, abgezogen werden.
Schmeckt der Wein zu sauer, kann er noch etwas auf der Hefe ruhen bleiben. Bis zu 1/3 der Säure kann je nach Länge der Ruheperiode abgebaut werden. Allerdings besteht dabei die Gefahr, dass die Hefe verdirbt und einen unangenehmen Geschmack an den Wein abgibt. Am sichersten ist und bleibt es, den Jungwein so zügig wie möglich von der Hefe abzuziehen.
Schmeckt der Wein zu herb oder zu bitter, kann er nachgezuckert werden. Überprüfen Sie die Süße des Weins erst an einer Probe, bevor der ganze Jungwein gesüßt wird.

Bei kleineren Mengen genügt für das Abziehen des Weins ein Handschlauch voll und ganz.

Das Abziehen

1 Bevor Sie an das Abziehen gehen, sollte der Wein noch einmal mit einem Gramm Kaliumdisulfit pro zehn Liter geschwefelt werden. Lösen Sie den Schwefel in etwas Wein auf und rühren Sie ihn vorsichtig in den Wein. Verschließen Sie den Wein wieder mit Gummistopfen und Gärverschluss (beides vorher reinigen und sterilisieren) und lassen Sie ihn noch ein paar Tage stehen, damit sich der aufgewirbelte Belag setzen kann.
2 Alles ist vorbereitet, der Schlauch oder der Weinheber und der neue Ballon sind gereinigt und sterilisiert. Abgekochtes und abgekühltes Wasser, noch besser natürlich Wein vom Vorjahr, steht zum Nachfüllen bereit.
3 Stellen Sie den Gärballon nun vorsichtig, damit kein Belag aufwirbelt, auf einen Tisch und auf einen Stuhl davor den leeren Ballon. Damit der Wein gut ablaufen kann, müssen Sie darauf achten, dass der zu befüllende Teil des neuen Ballons tiefer steht als die Tischkante. Nehmen Sie den Güraufsatz ab und stecken Sie den Schlauch vorsichtig in den gefüllten Ballon. Senken Sie ihn auf keinen Fall zu tief, damit er keinen Bodenbelag mit ansaugt.

4 Nun nehmen Sie das andere Ende in den Mund und saugen so lange an, bis der Wein kommt. Drücken Sie den Schlauch kurz zu und stecken Sie ihn schnell in den neuen Ballon. Der Jungwein fließt hinein. Lassen Sie ihn nicht aus halber Höhe hinunterplatschen, um Luftberührung zu vermeiden. Halten Sie den Schlauch so, dass der Wein an der Wand hinunterrinnt. Wenn der Schlauch lang genug ist, legen Sie ihn auf den Boden. Auch wenn die Öffnung vom Wein bedeckt ist, wird der Wein weiter fließen. Geht der Wein im Ballon auf dem Tisch zur Neige, kippen Sie den Ballon, damit mehr Wein abgesaugt werden kann. Wenn Sie vorsichtig zu Werke gehen, wird der Belag am Boden haften bleiben.

5 Füllen Sie den neuen Ballon spundvoll. Der Wein soll so wenig wie möglich mit Sauerstoff in Berührung kommen. Dazu nehmen Sie das bereitgestellte Wasser oder besser noch Wein, weil der Jungwein dadurch nicht verdünnt wird.

6 Verschließen Sie den Wein mit einem gereinigten und sterilisierten Gäraufsatz, und stellen Sie ihn in einen dunklen, kühlen Keller (ungefähr 8 bis 12 °C).

7 Jetzt muss der Wein reifen.

8 Während der nächsten Wochen brauchen Sie nur von Zeit zu Zeit regelmäßig zu überprüfen, ob im Gäraufsatz noch genügend sauberes Wasser ist.

Sollten Sie nur glasklare, also farblose Flaschen zur Hand haben, ist die Lagerung in einem dunklen Keller umso wichtiger, da der Wein sehr lichtempfindlich ist.

Der zweite Abstich

Nach zwei bis drei Monaten ist der Wein im Schnitt so weit gereift, dass er auf Flaschen gezogen werden kann. Es gibt Weine, die früher, und andere, die erheblich später ausgereift sind. Besonders die alkoholreichen Dessertweine benötigen eine längere Reifezeit.

Jetzt müssen Sie entscheiden, ob der Wein Ihren Vorstellungen entspricht oder ob Sie ihn noch harmonisieren wollen. Ist er zu herb, können Sie nachzuckern oder, was besser wäre, ihn mit einem süßeren Wein der gleichen Sorte verbessern. Sie können ihn natürlich auch mit einem Wein einer anderen Sorte verschneiden.

Verschneiden

Verschneiden setzt Erfahrung, Fingerspitzengefühl und ein ausgeprägtes Geschmacksempfinden voraus. Sehr zu Unrecht bringen einige Puristen diese Methode immer noch in die Nähe des Panschens. Ich halte es da eher mit den Südländern, die im Verschneiden eine Kunst sehen. Die Schwächen eines Weins mit den Stärken eines anderen auszugleichen, gehört zum Handwerk. Zur Kunst wird es, wenn aus zwei oder mehreren Weinen ein völlig neues Produkt entsteht, das an Geschmack und Harmonie die Grundweine übertrifft.

Von »Verschneiden« spricht man, wenn einem Wein zur Geschmacksverbesserung oder aus anderen Gründen ein anderer, jedoch meist gleichartiger oder gleichwertiger Wein zugesetzt wird.

Weingesetze gelten nicht für Hobbywinzer

Als Hobbywinzer müssen Sie die strengen Weingesetze und Verordnungen nicht beachten und brauchen daher Ihrer Phantasie und Schöpfungskraft keine Grenzen aufzuerlegen. Lassen Sie Ihrer Kreativität freien Lauf, und Sie werden sehen, dass Verschneiden für sich allein genommen schon ein äußerst interessantes Hobby sein kann.
Wollen Sie die Methode des Verschneidens nur dazu benutzen, einen vorhandenen Wein mit einem anderen zu verbessern, dann können Sie das Mischverhältnis der beiden Weine mit der Kreuzformel errechnen (Seite 114).

Nachzuckern und Nachsäuern

Wurde der Säuregehalt des Mostes nicht richtig bestimmt und schmeckt der Wein etwas flach, können Sie auch noch Säure zugeben. Seien Sie aber beim Nachsüßen oder beim Nachsäuern sehr zurückhaltend. Ein Zuviel kann nicht mehr sinnvoll korrigiert werden. Setzen Sie mit etwas Wein zunächst eine Probe an und testen Sie, ob Ihnen die Verbesserung zusagt, bevor Sie den gesamten Wein möglicherweise verderben. Bedenken Sie auch, dass der Wein noch nicht fertig ausgebaut ist. Er wird in der Flasche weiter reifen, runder, voller und harmonischer werden. Manche Weine entwickeln erst nach einem Jahr ihr volles Aroma.

Flaschenabfüllung

Entspricht der Wein Ihren Vorstellungen, können Sie ihn auf Flaschen abziehen. Zunächst wird eine Probeflasche gefüllt und wie bekannt, für ein paar Tage an einen warmen Platz gestellt. Parallel dazu wird der Wein vom Bodensatz in einen anderen sauberen und sterilisierten Ballon umgefüllt. Dadurch verhindern Sie, dass Teile des jetzt leicht aufwirbelbaren Bodensatzes mit in die Flaschen gefüllt werden. Bleibt der Probewein in der Flasche beim Öffnen ruhig, kann mit dem Umfüllen begonnen werden. Sie benutzen dazu wieder den gereinigten und sterilisierten Schlauch oder einen Weinheber.
Wollen Sie ganz sichergehen, dass der Wein beim Verbessern und Umfüllen keinen Schaden durch Bakterien nimmt – im Wesentlichen wird das durch den Alkohol verhindert – und wollen Sie einen weiteren Säureabbau während der Flaschenlagerung reduzieren, sollten Sie den Wein noch einmal mit einem Gramm Kaliumdisulfit auf zehn Liter schwefeln. Sie erhöhen damit seine Lagerfähigkeit.

Flaschen, die mit einem Naturkork verschlossen wurden, sollten Sie liegend aufbewahren.

Flaschen gründlich sterilisieren

Verwenden Sie möglichst dunkle Flaschen, damit die Farb- und Aromastoffe nicht durch Licht beeinträchtigt werden. Es ist selbstverständlich, dass die Flaschen gründlich sauber und sterilisiert sein müssen. Legen Sie sich vor dem Flaschenabfüllen ausreichend Korken und den Verkorkungsapparat griffbereit. Nehmen Sie nur neue Korken, da der Wein sehr anfällig gegen Fremdgeschmack ist. Naturkorken müssen über Nacht in Wasser, nicht über 30 °C, eingeweicht werden. Sorgen Sie dafür, dass die Korken unter Wasser liegen und nicht aufschwimmen. Kurz vor Benutzung sterilisieren Sie die Korken, indem Sie sie in eine zweiprozentige schweflige Säure tauchen.
Zum Füllen der Flasche stecken Sie das eine Ende des Schlauches in den Ballon. Am anderen Ende saugen Sie den Wein an. Am sinnvollsten ist es, wenn an diesem Ende ein kleiner Sperrhahn angebracht ist. Lassen Sie den Wein am Flaschenrand hinunterlaufen. Damit vermeiden Sie, dass unerwünschter Sauerstoff mit in die Flasche gelangt. Die

Flaschen sollen so weit gefüllt werden, dass zwischen Korken und Wein daumenbreit Luft bleibt. Dieser Puffer wird benötigt, um den Luftdruck beim Verkorken aufzufangen und dem Wein bei Temperaturunterschieden Raum zum Ausdehnen zu geben.

Verkorken der Flaschen

Ist der Wein umgefüllt, verkorken Sie die Flaschen. Dazu stellen Sie die Flasche auf eine rutschfeste Unterlage, setzen den Verkorkungsapparat auf die Flasche, geben den aufgeweichten Korken hinein und drücken die beiden Hebelarme gleichmäßig und zügig hinunter. Am besten ist es, wenn Sie sich für diese Tätigkeit einen Freund einladen. Mit seiner Hilfe wird auch das Umfüllen auf Flaschen erleichtert. Außerdem gestaltet sich die anschließende Weinprobe viel unterhaltsamer. Da Naturkork anfällig gegen Schimmel und gegen die Korkmotte ist, sollten Sie den Korken anschließend mit Wachs oder einer Aluminiumkapsel schützen. Die Kapsel wird über den Flaschenhals mit Korken gezogen und mit einem Spiralring festgeklemmt.

Fertigen Sie sich eine individuelle Etikettschablone an, die Sie mehrmals kopieren und nach Bedarf ausfüllen.

Beschriftung des Etiketts

Als Letztes wischen Sie die Flaschen sauber und versehen sie mit einem Etikett. Als Hobbywinzer, der den Wein zu seiner Freude und seinem eigenen Genuss hergestellt hat, sind Ihrer Phantasie hierbei keine Grenzen gesetzt. Wollen Sie Ihren kostbaren Wein jedoch auch einmal an Freunde verschenken, also »in den Verkehr« bringen, dann müssen Sie sich streng an die Bestimmungen des § 10 des Weingesetzes von 1930 halten. Danach muss z. B. das Wort »Wein« immer zusammen mit der Fruchtart genannt werden.

Johannisbeer-Fruchtwein
»fruchtig-frisch«
1 Liter
Erzeuger und Abfüller:
Siegfried Sauer, Hannover

Die beschrifteten Flaschen werden nun in einem kühlen, möglichst etwas feuchten Keller liegend mit dem Korken nach vorne gelagert. Die Temperatur sollte möglichst konstant bleiben, da nur so eine optimale Reife des Weins erreicht wird. Temperaturen unter dem Gefrierpunkt sind für den Wein genauso schädlich wie zu warme.
Überprüfen Sie nach ein paar Tagen die Flaschen auf Dichtigkeit. Korken, die nässen, müssen sofort durch neue ersetzt werden. Bis zur Dichtigkeitsüberprüfung empfiehlt es sich, ein paar Korken eingeweicht zu halten.

Die Schönung

Schönen heißt, den Wein »schön zu machen«, ihn zu klären und zu stabilisieren. Normalerweise klärt sich der Wein von selbst, vorausgesetzt, Sie haben sehr sorgfältig gearbeitet. Zusätzliche Maßnahmen werden also nicht nötig sein. Aber Sie müssen geduldig sein! Die Zeit ist Ihr bester Freund. Manchmal setzt eine volle Klärung erst nach Monaten in der Flasche ein. Paul Arauner schreibt in seinem Buch »Weine und Säfte, Liköre und Sekt selbst gemacht«, dass Weinproben, die an sein Weinlabor geschickt wurden, um auf Klärungsfehler untersucht zu werden, sich sehr häufig noch selbst klärten.
Sollte Ihr Wein sich jedoch tatsächlich nicht klären, empfiehlt es sich, bevor Sie selbst zu experimentieren beginnen, eine Weinprobe an ein entsprechendes Labor (siehe Adressen im Anhang) zu schicken, das Ihren Wein untersucht und Ihnen einen Vorschlag über die notwendige Schönungsbehandlung machen wird.

Nicht filtrierbare Trubstoffe, z. B. molekulares Eisen oder Eiweiß, können nur durch Schönung entfernt werden, um den Wein »glanzklar« zu machen.

Schönungsmittel

Falls Sie das Schönen trotzdem selbst versuchen wollen, sollten Sie beachten, dass die Schönungsmittel nach dem Prinzip der elektrischen Ladungen arbeiten. Positiv geladene Mittel ziehen negativ geladene Trubteilchen an und sinken mit ihnen zu Boden. Positiv geladene Trubteilchen werden dagegen nur von negativ geladenen

Gebräuchliche Schönungsmittel

1. Mit positiver Ladung:

- Gelatine – ein eiweißähnliches Produkt, wird aus Knochen hergestellt. Gelatine kann im Most oder Wein eingesetzt werden. Es fällt die negativ geladenen Gerbstoffe aus. Nicht benötigte überschüssige Gelatine kann durch das negativ geladene Bentonit neutralisiert und abgelagert werden.

2. mit negativer Ladung:

- Agar Agar – wird aus Algen gewonnen. Es wird vorwiegend in Verbindung mit Gelatine verwendet.
- Bentonit – wird aus Ton hergestellt und zur Bindung von Eiweiß eingesetzt. Es wird auch vielfach zur Klärung von frisch gepresstem Saft verwendet.
- Kieselsol – eine wässrige, milchige Flüssigkeit, wird in Verbindung mit Gelatine eingesetzt.
- Tannin – ein Gerbstoffprodukt. Bindet eiweißartige Partikel. Wird mit Gelatine eingesetzt. Die Verwendung wurde durch Kieselsol zurückgedrängt.

Schönungsmitteln angezogen und abgelagert. Um das richtige Mittel einzusetzen, müssen Sie also die Ladungspolarität der Trubteilchen, die Sie klären wollen, wissen. Da Ihnen die dafür nötige Laborausrüstung fehlen dürfte, können Sie es nur durch Probeversuche mit den einzelnen Schönungsmitteln herausfinden. Zapfen Sie also mehrere Proben (geringe Mengen genügen) von dem zu klärenden Wein ab und mischen Sie in jede Probe eines der Schönungsmittel, wobei Sie für jedes Mittel mehrere Konzentrationen ansetzen müssen. Da Sie sehr genau arbeiten müssen, benötigen Sie eine Briefwaage, eine Messpipette, einen Messzylinder, einen Erlenmeyerkolben und einen Ein-Liter-Messbecher. Die Geräteausstattung können Sie im Weinfachhandel beziehen. Dort kann man Sie auch beraten, wie Sie bei den Untersuchungen und dem Schönen vorgehen sollten.

Hagebutten- und Stachelbeerweine werden meist mit Agar Agar, Bentonit, Kieselöl und Tannin geschönt; Schlehen, aber auch rote Trauben und einige Birnensorten haben oft zu viel Gerbstoff, der durch Schönung mit Gelatine beseitigt werden kann.

Die Weinprobe

Der letzte aller Arbeitsschritte bei der Weinzubereitung ist die Weinprobe. Laden Sie sich Freunde ein, holen Sie Ihre guten Gläser aus dem Schrank und öffnen Sie die erste Flasche des neuen Jahrgangs.

Rezepte für Fruchtweine

Lassen Sie sich von den vielfältigen Rezepten für die Zubereitung von Frucht-, Gemüse- und Blütenweinen inspirieren und kreieren Sie sich Ihre eigenen Weinsorten. Damit Sie sich schneller zurechtfinden, sind die Rezepte in folgende Abschnitte unterteilt:

Der Reifegrad des Obstes

Unreifes Obst sollten Sie niemals für den selbst gemachten Wein verwenden!

Bei den Rezepten handelt es sich um Grundrezepte. Sie können sie entsprechend Ihrer Vorlieben, Erfahrungen und Rohstoffe verändern. Die Mengenangaben der Rezepte beruhen auf der Voraussetzung, dass nur reifes Obst verwendet wird und dass die Früchte einen für ihre Sorte typischen durchschnittlichen Zucker- und Säuregehalt haben. Es gibt jedoch keinen Durchschnittsapfel, sondern die unterschiedlichsten Sorten. Selbst wenn wir nur eine einzige Obstsorte betrachten und von der unwahrscheinlichen Annahme ausgehen, dass alle Früchte, die Sie für Ihre Weinproduktion verwenden, den gleichen Reifegrad hätten, hängt der Zucker- und Säuregehalt sehr davon ab, in welcher Region die Früchte geerntet wurden, wie die Bodenverhältnisse dort sind, wie viele Regentage und wie viele Sonnenscheinstunden es gab usw. Auch die Annahme, dass alles Obst, das Sie

verarbeiten, den gleichen Reifegrad hat, ist höchst unwahrscheinlich. Der Normalfall wird sein, dass Sie eine Mischung aus überreifen, reifen und weniger reifen Früchten verwenden.
Das Verhältnis von überreifen zu reifen und weniger reifen Äpfeln, Birnen, Pflaumen etc. bestimmt den Zucker- und Säuregehalt des Mostes oder der Maische und damit die Frage, ob und wie Sie den Most oder die Maische verbessern müssen, um einen guten Wein zu erhalten.

Bedenken Sie, dass die Flasche Wein nichts anderes hergeben kann, als Sie hineingetan haben.

Wichtige Hinweise

Die Rezepte können nur Richtschnur und nicht Vorschrift sein. Sie werden mit den Rezepten guten Wein herstellen, vorausgesetzt, dass das von Ihnen verarbeitete Obst nicht gravierend von den Durchschnittswerten abweicht. Ihr Wein wird jedoch besser werden, wenn Sie die Angaben in den Rezepten durch eigene Mostgewichtmessungen und Säurebestimmungen überprüfen und korrigieren.
Im Folgenden werden die Grundschritte für die Zubereitung eines Fruchtweins dargelegt, die mit ein paar wenigen Ausnahmen für alle Rezepte gelten.

Vorbereitung

Schneiden Sie aus dem Obst alle Druckstellen, Vogelfraß und Stellen, die durch Insekten verursacht wurden, heraus. Maden entfernen Sie selbstverständlich auch. Arbeiten Sie peinlich sauber. Vergessen Sie nicht, Ihre Hände zu waschen, bevor Sie Beerenfrüchte mit der Hand zerdrücken.
Sterilisieren Sie alle Ballons und Geräte mit einer zweiprozentigen Schwefelsäure. Tun Sie es lieber einmal mehr als einmal zu wenig.
Schwefeln von Most, Maische und Wein ist wie bereits besprochen sinnvoll. Die in den Rezepten angegebene Schwefelmenge von 1,5 Gramm Kaliumdisulfit ist für drei Schwefelungen gedacht. Ein Drittel für den Most oder die Maische, ein Drittel für den ersten Abstich und ein Drittel für den zweiten Abstich.

Für die Maischegärung eignet sich ein Zehn-Liter-Gefäß, für die Lagerung und Reifung ein Fünf-Liter-Glasballon. Bemerken Sie, dass einer Ihrer Weine nach Essig riecht, entfernen Sie ihn sofort aus dem Weinkeller, damit die Essigbakterien nicht die gesunden Weine befallen. Versuchen Sie erst gar nicht, ihn zu retten.

Wein aus heimischen Gärten

Sie haben in Ihrem Garten Ihr Obst geerntet, jetzt können Sie nach einem der hier nachfolgenden Rezepte Ihren Fruchtwein keltern.

Mit Apfeldessertwein sollten Sie anfangen. Er misslingt nur, wenn Sie grobe Fehler machen. Naturrein belassener Apfelwein ist jedoch nur begrenzt haltbar.

Apfeldessertwein (Mostgärung)

Zutaten für ca. fünf Liter

4,5 l frisch gepresster Apfelsaft · 750 g Zucker · 2 g Hefenährsalz

1,5 g Kaliumdisulfit (nicht erforderlich, aber zu empfehlen)

1 g Trockenreinzuchthefe (z. B. UVAFERM CM o. PM)

Zubereitung

1 Lösen Sie den Zucker in einem Liter Saft auf und geben Sie Saft und Zuckerlösung in einen Gärbehälter. Lassen Sie 1/10 als Steigraum frei. Messen Sie das Mostgewicht und den Säuregehalt. Für Fruchtdessertwein sollten sie um 120 °Oe und 8–10 g/l Gesamtsäure liegen. Falls erforderlich, verbessern Sie mit Zucker und/oder Säure oder senken die Werte durch Verdünnen des Mostes. **2** Fügen Sie das Hefenährsalz, die vorher angesetzte Trockenhefe und eventuell ein Antigeliermittel (Dosierung nach Angaben des Herstellers) hinzu. Das Antigeliermittel schließt die Trubstoffe auf und hilft den Wein zu klären. Verrühren Sie den Ansatz gründlich. **3** Verschließen Sie das Gärgefäß mit einem Gärverschluss und lassen Sie den Most bei 20–25 °C vergären. **4** Ist das Mostgewicht bis auf ca. 30 °Oe abgesunken, füllen Sie den Jungwein in ein neues Gefäß um. **5** Nach drei bis sechs Monaten ziehen Sie den Wein auf Flaschen ab und lassen ihn noch einige Monate reifen.

Birnendessertwein (Mostgärung)

Zutaten für ca. fünf Liter

4 l frisch gepresster Birnensaft · 1kg Zucker · 20 g Zitronensäure
2 g Hefenährsalz · 1,5 g Kaliumdisulfit · 1 g Trockenreinzuchthefe
Antigeliermittel (ca. 5 ml)

Zubereitung

Führen Sie die fünf Zubereitungsschritte durch, die im Rezept für Apfeldessertwein beschrieben sind.

Anmerkung: Reiner Birnenwein ist etwas problematisch in der Herstellung. Wegen des hohen Gerbstoffgehalts eignen sich nur bestimmte Birnensorten wie Holzbirne, Knauß, Wasserbirne, Grünmostler, Theilers für die Weinherstellung. Die Birnen müssen noch fest und dürfen nicht überreif sein. Gut ist Birnenwein in Kombination mit Äpfeln oder Quitten.

Die in den Birnen enthaltenen Gerbstoffe können beim Jungwein eine Trübung verursachen. Dann muss geschönt werden (vgl. Seite 74).

Quittendessertwein (Mostgärung)

Zutaten für ca. fünf Liter

2,5 l frisch gepresster Quittensaft · 1,7 l Wasser · 1,3 kg Zucker
13 g Zitronensäure · 2 g Hefenährsalz · 1,5 g Kaliumdisulfit
1 g Trockenreinzuchthefe · Antigeliermittel (ca. 5 ml)

Zubereitung

1 Lösen Sie den Zucker im Wasser auf und geben Sie die Zuckerlösung zusammen mit dem frisch gepressten Quittensaft in einen Gärbehälter. Lassen Sie dabei 1/10 als Steigraum frei. **2** Hefenährsalz und Antigeliermittel hinzufügen und gut verrühren. Anschließend bei geschlossenem Verschluss gären lassen. Führen Sie alle weiteren Zubereitungsschritte wie oben im Rezept für Apfeldessertwein beschrieben durch.

Anmerkung: Quittendessertwein schmeckt wegen seines eigenwilligen Aromas nur, wenn er voll ausgereift ist. Am besten eignet er sich zum Verschnitt mit anderen Weinen, vor allem mit Birnen- oder Apfeldessertwein.

Pfirsichdessertwein (Maischegärung)

Zutaten für ca. fünf Liter

Gut 4 kg sehr reife Pfirsiche · 1,5 l Wasser · 0,75 l Apfelsaft · 1,2 kg Zucker
13 g 80%-ige Milchsäure · 2 g Hefenährsalz · 1 g Tannin
1,5 g Kaliumdisulfit · 1 g Trockenreinzuchthefe · Antigeliermittel (ca. 5 ml)

Achten Sie beim Kauf der Pfirsiche darauf, dass sie sehr reif, aber nicht matschig sind.

Zubereitung

1 Früchte waschen und entsteinen, aber die Haut nicht abziehen. Im Maischegärbehälter mit der Hand zerquetschen. Zuvor Hände waschen! **2** Messen Sie das Mostgewicht und den Säuregehalt. Für Fruchtdessertwein sollten sie um 120 °Oe und 8–10 g/l Gesamtsäure liegen. Falls erforderlich, erhöhen Sie die Zucker- und/oder Säurezugaben oder senken die Werte. **3** Zucker im Wasser auflösen und zusammen mit dem Apfelsaft über die Maische geben. Behälter nur bis zur Hälfte füllen! **4** Fügen Sie das Hefenährsalz, die zuvor angesetzte Trockenhefe, die Milchsäure, das Tannin und das Antigeliermittel hinzu. **5** Verrühren Sie den Ansatz gründlich. Verschließen Sie das Gärgefäß mit einem Gärverschluss und lassen Sie die Maische vergären. Rühren Sie die Maische täglich kräftig um. **6** Nach gut einer Woche ziehen Sie den Vorwein von der Maische ab und pressen die Maische aus. Den Vorwein geben Sie in einen neuen Glasballon. 1/10 des Raumes muss als Steigraum frei bleiben. **7** Ist das Mostgewicht bis auf ca. 30 °Oe abgesunken, ziehen Sie den Jungwein in ein neues Gefäß um. Verbessern Sie den Wein, falls erforderlich. **8** Nach zwei bis vier Monaten ziehen Sie den Wein auf Flaschen ab. Lassen Sie ihn noch einige Zeit reifen. Dabei sollten Sie Geduld zeigen.

Anmerkung: Pfirsiche sind wegen ihres geringen Zuckergehalts nur bedingt für die Weinbereitung geeignet. Sie können sie gut zum Verschneiden mit Apfelwein verwenden. Die Qualität des Pfirsichdessertweines steht und fällt mit den Früchten, die besonders reif sein müssen, aber nicht überreif sein dürfen.

In Deutschland ist erwerbsmäßiger Pfirsichanbau durch die frühe Blüte (Gefahr von Spätfrost) und die Frostempfindlichkeit des Holzes auf einige wenige Gebiete begrenzt.

Mirabellendessertwein (Maischegärung)

Zutaten für ca. fünf Liter

3,5 kg sehr reife, aber noch feste Mirabellen · 2 l Wasser · 1 kg Zucker
25 g 80%ige Milchsäure · 2 g Hefenährsalz · 4 g Vitamin C
1,5 g Kaliumdisulfit · 1 g Trockenreinzuchthefe · Antigeliermittel (ca. 8 ml)

Zubereitung

1 Früchte waschen, entsteinen und über dem Gärbehälter klein schneiden, damit der Saft in den Behälter tropft. Anschließend die Früchte mit einem Holz- oder Nirostastampfer zerquetschen. Vitamin C zugeben (verhindert, dass die Früchte braun und der Wein unansehnlich wird) und gut vermischen. 2 Führen Sie die Schritte 2 bis 8 wie bei Pfirsichdessertwein durch.

Anmerkung: Mirabellendessertwein sollte innerhalb eines Jahres getrunken werden.

Vitamin C, das dem Mirabellendessertwein zugegeben wird, bekommen Sie in der Apotheke unter der chemischen Bezeichnung »Ascorbinsäure« in Pulverform. Mirabellenwein hat ein sehr angenehmes Bukett.

Pflaumenwein (Reneclaudenwein) (Maischegärung)

Zutaten für ca. fünf Liter

3,5 kg sehr reife, aber noch feste Reneclauden · 2 l Wasser · 1 kg Zucker
4 g Vitamin C · 20 g 80 %-ige Milchsäure · 2 g Hefenährsalz
1,5 g Kaliumdisulfit · 1 g Trockenreinzuchthefe · Antigeliermittel (ca. 8 ml)

Zubereitung:

Führen Sie die Schritte 1 bis 8 wie bei Mirabellendessertwein durch. Auch dieser Wein sollte innerhalb eines Jahres konsumiert werden.

Anmerkung: Pflaumenweine erfreuen sich besonders in Japan und China großer Beliebtheit.

Sauerkirschwein (Maischegärung)

Zutaten für ca. fünf Liter

3,5 kg reife, feste Sauerkirschen · 1,75 l Wasser · 1,25 kg Zucker
2 g Hefenährsalz · 1,5 g Kaliumdisulfit · 1 g Trockenreinzuchthefe
Antigeliermittel (ca. 5 ml)

Zubereitung
Früchte waschen, Stiele entfernen, über dem Gärbehälter entsteinen, damit der Saft in den Behälter tropft. Anschließend die Früchte mit den Händen oder einem Stampfer aus Holz oder Nirostastahl zerquetschen. Führen Sie die Schritte 2 bis 8 wie vorher durch.
Anmerkung: Sauerkirschwein ist ein echter Fruchtweinklassiker.

Brombeerdessertwein (Maischegärung)

Zutaten für ca. fünf Liter

3,5 kg reife Brombeeren · 1,75 l Wasser · 1,25 kg Zucker
10 g Zitronensäure · 2 g Hefenährsalz · 1,5 g Kaliumdisulfit
1 g Trockenreinzuchthefe · Antigeliermittel (ca. 8 ml)

Am besten wird der Wein, wenn Sie die Brombeeren ganz frisch verarbeiten. Also nach Möglichkeit selber zupfen! Blaue Brombeeren enthalten weniger Säure als schwarze.

Zubereitung
1 Beeren waschen, Blätter entfernen und mit den Händen oder einem Stampfer aus Holz- oder Nirostastahl im Gärbehälter zerquetschen. Zuvor Hände waschen! **2** Messen Sie das Mostgewicht und den Säuregehalt. Für Fruchtdessertwein sollten sie um 120 °Oe und 8–10 g/l Gesamtsäure liegen. Falls erforderlich, erhöhen Sie die Zucker- und/oder Säurezugaben oder senken die Werte. **3** Zucker im Wasser auflösen und über die Maische geben. Behälter nur bis zur Hälfte füllen! **4** Fügen Sie das Hefenährsalz, die zuvor angesetzte Trockenhefe, die Säure und das Antigeliermittel hinzu. **5** Verrühren Sie den Ansatz gründlich. Verschließen Sie das Gärgefäß mit einem Gärverschluss und lassen Sie die Maische vergären. Rühren Sie die Maische täglich kräftig um. **6** Nach einer Woche ziehen Sie den Vorwein von der Maische ab und pressen die Maische aus. Den Vorwein geben Sie in einen neuen Glasballon. 1/10 des Raumes muss als Steigraum frei bleiben. Gärtemperatur auf ca. 17 °C absenken. Der Wein wird dadurch voller im Geschmack. **7** Ist das Mostgewicht bis auf ca. 30 °Oe abgesunken (was nach etwa drei Monaten passiert), ziehen Sie den Jungwein in ein neues Gefäß um. **8** Nach zwei bis drei Monaten ziehen Sie den Wein auf Flaschen ab. Lassen Sie ihn noch einige Zeit reifen.

Erdbeerdessertwein (Maischegärung)

Zutaten für ca. fünf Liter

3,5 kg reife Erdbeeren · 1,25 l Wasser · 1,5 kg Zucker · 10 g Zitronensäure

2 g Hefenährsalz · 1,5 g Kaliumdisulfit · 1 g Trockenreinzuchthefe

Antigeliermittel (ca. 5 ml)

Zubereitung

1 Führen Sie die Schritte 1 bis 7 wie bei Brombeerdessertwein durch. **2** Nach vier bis sechs Monaten füllen Sie den Wein in Flaschen um. Ziehen Sie ihn zwischendurch noch ein- oder zweimal vom Trub ab. Lassen Sie ihn noch einige Zeit reifen.

Anmerkung: Erdbeeren eignen sich besonders gut zur Weinherstellung. Für sie gilt allerdings ganz besonders, was für alle bei der Weinherstellung verwendeten Früchte gilt: Sie müssen absolut frisch und reif sein. Gerade Erdbeeren sind dafür bekannt, dass sie ungewöhnlich schnell verschimmeln.

Heidelbeerwein (Maischegärung)

Zutaten für ca. fünf Liter

3 kg reife Heidelbeeren · 2 l Wasser · 1,25 kg Zucker · 10 g Zitronensäure

2 g Hefenährsalz · 1,5 g Kaliumdisulfit · 1 g Trockenreinzuchthefe

Antigeliermittel (ca. 5 ml)

Zubereitung

Führen Sie die Schritte 1 bis 8 wie bei Brombeerdessertwein durch. Achten Sie darauf, dass das Gärgefäß an einem dunklen Platz steht, da die Farbe des Weinansatzes lichtempfindlich ist.

Anmerkung: Wegen der geringen Säure der Früchte ist Heidelbeerwein nicht ganz unproblematisch zuzubereiten. Wenn nicht genügend Säure zugegeben wird, kann er leicht verderben.

Da Heidelbeeren einen hohen Gerbsäuregehalt aufweisen, soll der Wein angeblich gegen Durchfallerkrankungen helfen – in medizinischer Dosierung, versteht sich. Beim Selberpflücken ist Vorsicht geboten, da manche Heidelbeeren einen Fuchsbandwurm haben.

Der Heidelbeerwein ist besonders im Schwarzwald ein beliebtes Tröpfchen.

Himbeerwein (Maischegärung)

Zutaten für ca. fünf Liter

2 kg reife Himbeeren · 2,5 l Wasser · 1,2 kg Zucker · 5 g Zitronensäure
2 g Hefenährsalz · 1,5 g Kaliumdisulfit · 1 g Trockenreinzuchthefe
Antigeliermittel (ca. 5 ml)

Zubereitung

Führen Sie die Schritte 1 bis 8 wie bei Brombeerdessertwein durch. Mögen Sie den Wein gern süß, können Sie auch geringfügig mehr Zucker verwenden.

Anmerkung: Zwar geht das feine Aroma der Himbeeren bei der Gärung zum Teil verloren, aber der Himbeerwein besitzt dafür eigene geschmackliche Qualitäten. Wegen ihrer roten Farbe galt die Himbeere in früheren Zeiten als Aphrodisiakum für Mann und Frau. Wissenschaftler haben mittlerweile tatsächlich – wie auch in der Tomate – liebesfördernde Stoffe in der Himbeere nachgewiesen.

Holunderbeerwein (Maischegärung)

Der schwarze Holunder kann eine Höhe von vier Metern erreichen. Im Frühsommer trägt er weiße Blüten, im Herbst schwarzblaue Früchte. Vorsicht: Die grüne Staude ist giftig!

Zutaten für ca. fünf Liter

3 kg Holunderbeerdolden · 2,5 l Wasser · 1,5 kg Zucker
15 g Zitronensäure · 2 g Hefenährsalz · 1,5 g Kaliumdisulfit
1 g Trockenreinzuchthefe · Antigeliermittel (ca. 5 ml)

Zubereitung

1 Die Holunderbeerdolden sorgfältig waschen, Beeren von den Dolden rupfen, noch rote Beeren und auf jeden Fall grüne Beeren entfernen und mit den Händen oder einem Stampfer aus Holz oder Nirostastahl im Gärbehälter zerquetschen. Hände vorher waschen! **2** Maische für 15 Minuten auf 80 °C erhitzen. Dadurch wird der Kopfschmerzen und Übelkeit erregende Stoff Sambunigrin zerstört. Danach die Maische erkalten lassen. **3** Führen Sie die Schritte 3 bis 8 wie bei Brombeerdessertwein durch. Lassen Sie den Holunderbeerwein nach der Flaschenabfüllung noch etwa fünf bis sechs Monate reifen.

Roter Johannisbeerwein (Maischegärung)

Zutaten für ca. fünf Liter

2,5 kg rote Johannisbeeren · 2,5 l Wasser · 1,3 kg Zucker
2 g Hefenährsalz · 1,5 g Kaliumdisulfit · 1 g Trockenreinzuchthefe
Antigeliermittel (ca. 5 ml)

Zubereitung

Führen Sie die Schritte 1 bis 8 wie bei Brombeerdessertwein durch. Lassen Sie den Wein nach der Flaschenabfüllung noch fünf bis sechs Monate reifen.

Für den roten Johannisbeerwein benötigen Sie weniger Wasser und etwas weniger Antigeliermittel als beim schwarzen, allerdings mehr Beeren.

Schwarzer Johannisbeerwein (Maischegärung)

Zutaten für ca. fünf Liter

2 kg schwarze Johannisbeeren · 2,75 l Wasser · 1,3 kg Zucker
2 g Hefenährsalz · 1,5 g Kaliumdisulfit · 1 g Trockenreinzuchthefe
Antigeliermittel (ca. 8 ml)

Zubereitung

Führen Sie die Schritte 1 bis 8 wie bei Brombeerdessertwein durch. Lassen Sie den Wein nach der Flaschenabfüllung noch fünf bis sechs Monate reifen, damit er seine geschmacklichen Qualitäten als Fruchtwein auch voll entfalten kann.

Stachelbeerwein (Maischegärung)

Zutaten für ca. fünf Liter

3,5 kg reife bis überreife Stachelbeeren · 1,75 l Wasser · 1,1 kg Zucker
2 g Hefenährsalz · 1,5 g Kaliumdisulfit · 1 g Trockenreinzuchthefe
Antigeliermittel (ca. 10 ml)

Zubereitung

Führen Sie die Schritte 1 bis 8 wie bei Brombeerdessertwein durch. Wenn Sie den Wein nach der Flaschenabfüllung noch einige Monate reifen lassen, schmeckt er besonders gut.

Ein besonderes Erlebnis ist es, Wildfrüchte wie Hagebutten oder Schlehen selbst zu sammeln, um anschließend daraus Wein zu keltern. Waschen Sie die Früchte vor dem Verarbeiten sehr gründlich, denn auch für die Ausgangsstoffe gilt: Sauberkeit ist oberstes Gebot!

Da die Hagebutten selbst kaum Wasser enthalten, benötigen Sie für die Zubereitung von fünf Liter Wein vier Liter Wasser. Der Gehalt der Hagebutte an Vitamin C ist außerordentlich hoch.

Hagebuttendessertwein (Maischegärung)

Zutaten für ca. fünf Liter

2 kg gut ausgereifte Hagebutten · 4 l Wasser · 1,4 kg Zucker
20 g 80 %-ige Milchsäure · 2 g Hefenährsalz · 1,5 g Kaliumdisulfit
1 g Trockenreinzuchthefe · Antigeliermittel (ca. 5 ml)

Zubereitung

1 Früchte gründlich waschen, damit der Straßenstaub und Ablagerungen von Autoabgasen entfernt werden. Stängel und Blütenreste abzupfen. Die Kerne möglichst entfernen. Dadurch verbessert sich der Geschmack des Weins. Die Früchte mit Hilfe eines Messers, Mixers oder Ähnlichem grob zerkleinern, ohne dass die Kerne beschädigt werden, und in den Gärbehälter geben. **2** Zucker in heißem Wasser auflösen und über die Maische geben. Behälter nur bis zur Hälfte füllen! **3** Sobald die Maische auf unter 50 °C abgekühlt ist, geben Sie das Antigeliermittel hinzu. **4** Nach weiterem Abkühlen auf 25 °C fügen Sie das Hefenährsalz und die zuvor angesetzte Trockenhefe hinzu. **5** Verrühren Sie den Ansatz gründlich. Verschließen Sie das Gärgefäß mit einem Gärverschluss und lassen Sie die Maische vergären. Rühren Sie die Maische täglich zweimal kräftig um. **6** Nach gut zwei Wochen ziehen Sie den Vorwein von der Maische ab und pressen die Maische gründlich aus. Den Vorwein geben Sie in einen neuen Glasballon. 1/10 des Raumes muss als Steigraum frei bleiben. **7** Ist das Mostgewicht bis auf ca. 30 °Oe abgesunken (was nach etwa drei Monaten der Fall ist), ziehen Sie den Jungwein in ein neues Gefäß um. Verbessern Sie den Wein, falls erforderlich. **8** Nach sechs Monaten ziehen Sie den Wein auf Flaschen ab. Lassen Sie ihn noch mindestens ein Jahr reifen – besser schmeckt er aber, wenn Sie ihn noch etwas länger reifen lassen.

Anmerkung: Hagebuttendessertwein ist ein sehr schmackhafter, aber ein etwas aufwendig herzustellender Wildfruchtwein. Verwendet werden dafür die gelben und roten Früchte der Heckenrose.

Rhabarberdessertwein (Saftgärung)

Zutaten für ca. fünf Liter

3,5 kg rote Rhabarberstangen · 2 l Wasser · 1,6 kg Zucker
20 g 80 %ige Milchsäure · 2 g Hefenährsalz · 15 g kohlesaurer Kalk
1,5 g Kaliumdisulfit · 1 g Trockenreinzuchthefe

Rhabarberwein kommt ursprünglich aus Skandinavien, speziell aus Nordschweden und Norwegen.

Zubereitung

1 Stiele waschen, klein schneiden und mit einer Mühle oder einem Stampfer aus Holz oder Nirostastahl zerquetschen. Maische in einen Topf geben. 2 Die Hälfte des Wassers aufkochen und über den Rhabarber gießen. Zwei Stunden ziehen lassen. Gemisch auspressen. Kohlesauren Kalk gründlich untermischen. 3 24 Stunden einwirken lassen und danach von der abgesetzten Oxalsäure abziehen. 4 Zucker im restlichen Wasser auflösen und zusammen mit der Milchsäure hinzufügen. 1/10 Steigraum freilassen. 5 Mostgewicht und Säuregehalt messen. Für Fruchtdessertwein sollten sie um 120 °Oe und 8–10 g/l Gesamtsäure liegen. Falls erforderlich, erhöhen Sie die Zucker- und/oder Säurezugaben oder senken die Werte. 6 Nun Hefenährsalz und die zuvor angesetzte Trockenhefe einrühren. Den Ansatz gründlich verrühren. Verschließen Sie das Gärgefäß mit einem Gärverschluss und lassen Sie den Most vergären. Schwenken Sie den Ansatz zum Ende der Gärung täglich einmal gründlich um. 7 Ist das Mostgewicht unter 30 °Oe abgesunken, ziehen Sie den Jungwein in ein neues Gefäß um. Verbessern Sie den Wein, falls erforderlich. 8 Nach drei bis vier Monaten ziehen Sie den Wein auf Flaschen ab.

Anmerkung: Rhabarber wird vorwiegend als Obst gegessen, ist eigentlich aber ein Gemüse. Verwenden Sie nur die reifen Stiele. Die Blätter und Stängel enthalten Wirkstoffe, die schädlich für den menschlichen Organismus sind.

Wein aus Südfrüchten

Delikate Weine lassen sich nicht nur aus heimischem Obst herstellen, sondern auch aus Südfrüchten. Wagen Sie sich einmal an die Herstellung eines Melonendessertweines oder an einen exotischen Kiwi- oder Bananendessertwein.

Aprikosendessertwein (Maischegärung)

Zutaten für ca. fünf Liter

3 kg reife Aprikosen · 1,5 l Wasser · 1,2 kg Zucker · 13 g 80 %-ige Milchsäure · 2 g Hefenährsalz · 1 g Tannin · 1,5 g Kaliumdisulfit
1 g Trockenreinzuchthefe · Antigeliermittel (ca. 5 ml)

Die Heimatländer des Aprikosendessertweins sind Griechenland, Mazedonien und Serbien.

Zubereitung

1 Früchte waschen, entsteinen und im Maischegärbehälter mit der Hand oder einem Stampfer aus Holz oder Nirostastahl zerquetschen. **2** Messen Sie das Mostgewicht und den Säuregehalt. Für Fruchtdessertwein sollten sie um 120 °Oe und 8–10 g/l Gesamtsäure liegen. Falls erforderlich, erhöhen Sie die Zucker- und/oder Säurezugaben oder senken die Werte. **3** Zucker im Wasser auflösen und über die Maische geben. Behälter nur bis zur Hälfte füllen. **4** Fügen Sie das Hefenährsalz, die zuvor angesetzte Trockenhefe, die Milchsäure, das Tannin und das Antigeliermittel hinzu. **5** Verrühren Sie den Ansatz gründlich. Verschließen Sie das Gärgefäß mit einem Gärverschluss und lassen Sie die Maische vergären. Rühren oder schwenken Sie die Maische täglich kräftig um. **6** Nach zwei Wochen ziehen Sie den Vorwein von der Maische ab und pressen die Maische aus. Den Vorwein geben Sie in einen neuen Glasballon. 1/10 des Raumes muss als Steigraum frei bleiben. **7** Ist das Mostgewicht bis auf ca. 30 °Oe (ca. vier Wochen) abgesunken, ziehen Sie den Jungwein in ein neues Gefäß um. Verbessern Sie den Wein, falls erforderlich. **8** Wenn sich der Wein geklärt hat, können Sie ihn auf Flaschen abziehen. Der Aprikosendessertwein sollte zügig getrunken werden.

Ananasdessertwein (Maischegärung)

Zutaten für ca. fünf Liter

3 kg reife Ananas · 3 l Wasser · 1,2 kg Zucker · 18 g Zitronensäure
2 g Hefenährsalz · 1 g Kaliumdisulfit · 1 g Trockenreinzuchthefe
Antigeliermittel (ca. 5 ml)

Zubereitung

Führen Sie die Schritte 1 bis 8 wie bei Aprikosendessertwein durch.

Anmerkung: Ananasdessertwein ist ein sehr ansprechender Wein, sofern er aus frischen Früchten zubereitet wird.

Dieser fruchtig bis feurig schmeckende Dessertwein stammt aus Südamerika, der Heimat der besonders enzymreichen Ananas.

Bananendessertwein (Maischegärung)

Zutaten für ca. fünf Liter

2,5 kg reife bis überreife Bananen · 3,75 l Wasser · 1,3 kg Zucker
20 g Zitronensäure · 2 g Hefenährsalz · 1 g Tannin · 1,5 g Kaliumdisulfit
1 g Trockenreinzuchthefe · Antigeliermittel (ca. 5 ml)

Zubereitung

1 Früchte schälen, mit der Gabel zerdrücken und in den Gärbehälter geben. 2 Führen Sie die Schritte 2 bis 8 wie bei Aprikosendessertwein durch. Sollte der Wein sich nicht klären, kann er mit 10 bis 15 Milliliter Kieselsol geschönt werden. Der Wein sollte zügig getrunken werden.

Anmerkung: Sie können den Wein zusätzlich durch Zugabe von Gewürznelken (acht Stück) oder Rosinen (etwa 300 Gramm) würzen.

Kiwidessertwein (Mostgärung)

Die »Vitamin-C-Bombe« Kiwi ist der Exportschlager aus Neuseeland. Von dort stammt auch das Rezept für den Kiwidessertwein.

Zutaten für ca. fünf Liter

2,5 kg reife Kiwis · 2,7 l Wasser · 1,3 kg Zucker · 15 g Zitronensäure
2 g Hefenährsalz · 1,5 g Kaliumdisulfit · 1 g Trockenreinzuchthefe
Antigeliermittel (ca. 5 ml)

Zubereitung

1 Früchte schälen, mit einem Stampfer aus Holz oder Nirostastahl zerquetschen und mit Antigeliermittel ansetzen. Nach 15 Stunden Saft abpressen. **2** Führen Sie die Schritte 2 bis 8 wie bei Aprikosendessertwein durch.

Melonendessertwein (Mostgärung)

Zutaten für ca. fünf Liter

7–8 kg reife Honigmelonen (oder auch andere Sorte) · 1 l Wasser
1,2 kg Zucker · 25 g Zitronensäure · 2 g Hefenährsalz · 1,5 g Kaliumdisulfit
1 g Trockenreinzuchthefe · Antigeliermittel (ca. 12 ml)

Zubereitung

1 Früchte schälen, hartes Fruchtfleisch entfernen, in kleine Würfel schneiden, mit den Händen zerquetschen und Antigeliermittel hinzugeben. Hände waschen! Nach fünf bis sechs Stunden abpressen. **2** Führen Sie die Schritte 2 bis 8 wie bei Aprikosenwein durch.

Orangendessertwein (Mostgärung)

Zutaten für ca. fünf Liter

2,5 l Saft aus reifen Orangen · 1,5 l Wasser · 1,5 kg Zucker
25 g Zitronensäure · 2 g Hefenährsalz · 1,5 g Kaliumdisulfit
1 g Trockenreinzuchthefe · Antigeliermittel (ca. 5 ml)

Zubereitung

1 Orangensaft durch ein Filtertuch in den Gärbehälter gießen.
2 Führen Sie die Schritte 2 bis 8 wie bei Aprikosendessertwein durch.

Anmerkung: Der Orangenwein ist ein sehr eigenwilliger Wein. Während der Gärung verliert er den typischen Orangengeschmack. Er bekommt ein Aroma, das sich erst auf den zweiten Schluck erschließt. Stören Sie sich während der Gärung nicht an dem etwas aufdringlichen Geruch nach verfaulten Eiern. Dieser verfliegt jedoch ziemlich schnell wieder und hat keinen Einfluss auf den Geschmack. Beachten sollten Sie, dass sich manche Fertigsäfte wegen ihres hohen Schalenanteils überhaupt nicht zum Weinmachen eignen; der Wein wird dann bitter.

Schalen und Kerne dürfen beim Orangendessertwein nicht mitgemaischt werden, eine Orangenpresse ist daher besser als ein Entsafter.

Wein aus Dosenfrüchten

Auch aus Dosenfrüchten läßt sich im Allgemeinen sehr schmackhafter Wein gewinnen.

Wichtige Hinweise

Kaufen Sie nur gutes Dosenobst, das viele Obststücke enthält, nach Möglichkeit im eigenen Saft konserviert wurde und das keine oder nur wenig künstliche Geschmacksstoffe oder chemische Zusätze enthält.

Bei der Zubereitung müssen Sie darauf achten, dass der Ansatz ausreichend Mostgewicht enthält. Es sollte »nur« bei etwa 100 °Oe liegen. In den Früchten und Trubstoffen verbirgt sich auch noch Zucker, den Sie beim Messen nicht erreichen. Geben Sie den im Rezept angeführten Zucker nicht auf einmal zu, sondern lösen Sie 3/4 der Menge in Wasser auf und verrühren Sie ihn gründlich unter die Maische. Danach messen Sie noch einmal das Mostgewicht und prüfen, ob weiter nachgezuckert werden muss. Wegen der stark variierenden Süße im Dosensaft ist der Zuckerbedarf vorher nur schwer bestimmbar. Sie müssen deshalb ein gewisses Gespür entwickeln, wie viel Zucker Sie zugeben können. Messen Sie auch unbedingt den Säuregehalt und stellen Sie ihn auf 8 – 10 g/l ein. Erhöhen oder verringern Sie dazu die im Rezept angeführte Säuremenge.

Pfirsichdessertwein (Maischegärung)

Zutaten für ca. fünf Liter

1 kg Dosenpfirsiche · 3,2 l Wasser · 1/4 l frisch gepresster Orangensaft
1,2 kg Zucker · 10 g Zitronensäure · 2 g Hefenährsalz · 1,5 g Kaliumdisulfit
1 g Trockenreinzuchthefe · Antigeliermittel (ca. 5 ml)

Beim Pfirsichdessertwein ist größte Sorgfalt angebracht. Schon kleine Fehler beim Ansetzen oder falsche Temperierung lassen den Wein schlecht werden.

Zubereitung

1 Legen Sie die Früchte in den Gärbehälter und zerdrücken Sie sie leicht. Hände waschen! Geben Sie den Orangensaft dazu. **2** Lösen Sie 0,75 Kilogramm Zucker in 2,8 Liter Wasser auf und geben Sie es mit dem Pfirsichsaft zur Maische. **3** Mostgewicht und Säure messen. **4** Das restliche Wasser mit den anderen Zutaten dazugeben. Achten Sie darauf, dass der Gärbehälter nur bis zur Hälfte gefüllt ist. **5** Verschließen Sie das Gärgefäß mit einem Gärverschluss und lassen Sie die Maische vergären. **6** Ist das Mostgewicht bis auf ca. 30 °Oe abgesunken, ziehen Sie den Jungwein in ein neues Gefäß um. **7** Nach drei bis sechs Monaten, wenn sich der Wein geklärt hat, ziehen Sie ihn auf Flaschen ab. Verbessern Sie den Wein, falls erforderlich.

Anmerkung: Auch aus gemischtem Dosenobst (Fruchtcocktail) kann Wein zubereitet werden.

Sauerkirschendessertwein (Maischegärung)

Zutaten für ca. fünf Liter

1 kg Dosensauerkirschen · 3,2 l Wasser · 1,2 kg Zucker · 5 g Zitronensäure
2 g Hefenährsalz · 1,5 g Kaliumdisulfit · 1 g Trockenreinzuchthefe
Antigeliermittel (ca. 5 ml)

Zubereitung

1 Legen Sie die Früchte in den Gärbehälter und zerdrücken Sie sie leicht. Hände waschen! Lösen Sie ein Kilogramm Zucker im Wasser auf und geben Sie es zusammen mit dem Kirschsaft zur Maische. **2** Führen Sie anschließend die Schritte 2 bis 7 wie beim Pfirsichdessertwein beschrieben durch.

Wein aus getrockneten Früchten

Wein aus Trockenfrüchten herzustellen ist eine besondere Kunst, die sich nicht selten zu einem eigenständigen Hobby entwickelt.

Wichtige Hinweise

Dunkle Trockenfrüchte ergeben einen Wein, der in Farbe und Geschmack dem Sherry ähnlich ist. Farbe und Geschmack werden durch die Oxidation der Früchte verursacht. Achten Sie darauf, dass Sie nur erste Qualität verarbeiten, also möglichst ungeschwefelte Früchte verwenden. Geschwefelte Früchte müssen Sie über Nacht einweichen und das Wasser abgießen. Danach werden Sie wie ungeschwefelte Früchte behandelt. Wichtig ist, dass Sie keine mit Öl behandelten Früchte verwenden, wie z.B. getrocknete Bananenchips. Das Öl erzeugt einen Fettfilm auf dem Wein.

Bei der Verwendung von Trockenfrüchten entstehen Weine, die sich in Farbe und Geschmack von Weinen aus frischem Obst unterscheiden.

Rosinendessertwein (Maischegärung)

Zutaten für ca. fünf Liter

1 kg nicht zu stark getrocknete Rosinen · 3,5 l Wasser · 1 kg Zucker
5 g Zitronensäure · 2 g Hefenährsalz · 1,5 g Kaliumdisulfit
1 g Trockenreinzuchthefe · Antigeliermittel (ca. 5 ml)

Zubereitung

1 Rosinen zerkleinern und in den Gärbehälter geben. 2 Das Wasser aufkochen, den Zucker auflösen und über die Rosinen schütten. Beides gut vermischen. 3 Gärbehälter nur bis zur Hälfte füllen. 4 Wenn der Ansatz unter 30 °C abgekühlt ist, die anderen Zutaten hinzugeben. 5 Das Gärgefäß mit einem Gärverschluss verschließen. Die Maische täglich umrühren oder schwenken. 6 Ist das Mostgewicht bis auf ca. 30 °Oe abgesunken, ziehen Sie Jungwein in ein neues Gefäß um. 7 Nach zwei Monaten, wenn sich der Wein geklärt hat, ziehen Sie ihn auf Flaschen ab. Verbessern Sie ihn, falls erforderlich. Lassen Sie ihn noch einige Monate reifen.

Feigendessertwein (Maischegärung)

Zutaten für ca. fünf Liter

1 kg Feigen · 4 l Wasser · 1,2 kg Zucker · 12 g Zitronensäure
2 g Hefenährsalz · 1,5 g Kaliumdisulfit · 1 g Trockenreinzuchthefe
Antigeliermittel (ca. 5 ml)

Feigendessertwein hat ein zartes Bukett und schmeckt ein wenig nach Wüste und Abenteuer.

Zubereitung

1 Feigen klein schneiden und 24 Stunden lang in drei Liter Wasser einweichen. Danach kurz aufkochen. Den Zucker in dem restlichen Liter Wasser auflösen und zu den Feigen geben. 2 Führen Sie die Schritte 3 bis 7 wie bei Rosinendessertwein durch. Anschließend noch einige Monate reifen lassen.

Fliederbeerendessertwein (Maischegärung)

Zutaten für ca. fünf Liter

130 g getrocknete Fliederbeeren · 100 g Rosinen (wahlweise zur geschmacklichen Verbesserung) · 4 l Wasser · 1,2 kg Zucker · Saft von 1 Zitrone
2 g Hefenährsalz · 1,5 g Kaliumdisulfit · 1 g Trockenreinzuchthefe

Zubereitung

1 Fliederbeeren waschen, Stängel etc. entfernen und in den Gärbehälter geben. 2 Führen Sie die Schritte 2 bis 7 wie bei Rosinendessertwein durch.

Anmerkung: Dieser Wein ist einen Versuch wert. Da Sie nur wenig Fliederbeeren für die Herstellung benötigen, können Sie die Beeren auch leicht selbst trocknen.

Wein aus Gemüse

Servieren Sie doch einmal Ihren Freunden zu einem Gemüseauflauf einen spritzigen, wohlschmeckenden Gemüsewein! Sie werden überrascht sein, wie gut der Wein bei Ihren Gästen ankommt. Zu Unrecht fristen Gemüseweine bei uns immer noch ein stiefmütterliches Dasein.

Gemüsedessertwein (Saftgärung)

Zutaten für ca. fünf Liter

1 kg Mohrrüben · 1 kg Kartoffeln · 1 kg Rote Bete · 4 l Wasser
1,2 kg Zucker · Saft und Schale von 3 ungespritzten Orangen
Saft und Schale von 2 großen ungespritzten Zitronen · 2 g Hefenährsalz
1 g Tannin · 1,5 g Kaliumdisulfit · 1 g Trockenreinzuchthefe
Antigeliermittel (ca. 10 ml)

Wenn Sie einen Gemüsemix zu Wein verarbeiten, sollten Sie die verschiedenen Zutaten gründlich reinigen, damit keine Schmutzpartikel mehr daran haften.

Zubereitung

1 Das Gemüse gut mit einer Bürste abschrubben, die oberen Enden und die Wurzelspitzen abschneiden, in kleine Stücke hacken und für 45 Minuten in den vier Litern Wasser köcheln. 2 Geben Sie die Orangen- und Zitronenschalen in den Gärbehälter und gießen Sie eine Hälfte des Gemüsewassers in das Gärgefäß. 1/4 für später aufbewahren. In dem anderen 1/4 lösen Sie den Zucker auf und füllen die Lösung, nachdem sie abgekühlt ist, ebenfalls in den Gärbehälter. 3 Geben Sie den Orangen- und Zitronensaft und die anderen Zutaten, bis auf die Hefe, hinzu. 4 Füllen Sie den Ansatz mit dem restlichen Gemüsewasser bis auf fünf Liter auf. Über Nacht stehen lassen. 5 Messen Sie am anderen Tag das Mostgewicht und die Säure. Korrigieren Sie, falls erforderlich, durch zusätzliche Zucker- und Zitronensäurezugaben. Anzustreben sind 100–130 °Oe und 8–10 g/l Säure. 6 Geben Sie jetzt die Hefe dazu. Verschließen Sie den Gärbehälter mit einem Gäraufsatz. Rühren oder schwenken Sie den Ansatz täglich einmal. 7 Nach ca. zwei Wochen ziehen Sie den Vorwein von den Zitrusschalen ab. 8 Nach fünf bis sechs Monaten prüfen Sie, ob Sie den Wein verbessern wollen, und ziehen ihn auf Flaschen ab. Er hält sich mindestens zwei Jahre.

Mohrrübendessertwein (Saftgärung)

Zutaten für ca. fünf Liter

2,5 kg Mohrrüben · 4,5 l Wasser · 1,25 kg Zucker
Saft und Schale von 3 ungespritzten Orangen
Saft und Schale von 2 großen ungespritzten Zitronen · 2 g Hefenährsalz
1 g Tannin · 1,5 g Kaliumdisulfit · 1 g Trockenreinzuchthefe
Antigeliermittel (ca. 5 ml)

Zubereitung

1 Die Mohrrüben gut mit einer Bürste abschrubben und für 30 bis 40 Minuten im Wasser köcheln. **2** Führen Sie die Schritte 2 bis 8 wie bei Gemüsedessertwein durch.

Kürbisdessertwein (Saftgärung)

Kürbisdessertwein ist dafür bekannt, dass er stark entwässernd wirkt und Giftstoffe aus dem Körper ausschwemmt.

Zutaten für ca. fünf Liter

7–8 kg reife Kürbisse · 1 l Wasser · 1,2 kg Zucker · 25 g Zitronensäure
2 g Hefenährsalz · 1,5 g Kaliumdisulfit · 1 g Trockenreinzuchthefe
Antigeliermittel (ca. 12 ml)

Zubereitung

1 Das Fruchtfleisch herauslösen, Kerne entfernen, in kleine Würfel schneiden, mit den Händen zerquetschen und Antigeliermittel hinzugeben. Hände zuvor waschen! Nach fünf Stunden abpressen. **2** Mostgewicht und Säuregehalt messen. Für Fruchtdessertwein sollten sie um 120 °Oe und 8–10 g/l Gesamtsäure liegen. Falls erforderlich, erhöhen Sie die Zucker- und/oder Säurezugaben oder senken die Werte. **3** Zucker im Wasser auflösen und zusammen mit den anderen Zutaten mit dem Saft verrühren. 1/10 Steigraum freilassen. **4** Verschließen Sie das Gärgefäß mit einem Gärverschluss und lassen Sie den Most vergären. **5** Ist das Mostgewicht bis auf ca. 30 °Oe abgesunken, ziehen Sie den Jungwein in ein neues Gefäß um. Verbessern Sie den Wein, falls erforderlich. **6** Wenn sich der Wein geklärt hat, ziehen Sie ihn auf Flaschen ab. Lassen Sie ihn noch einige Zeit reifen.

Wein aus Kräutern und Blüten

Kräuter- und Blütenweine eignen sich vorzüglich als Aperitifs. Sie sind leicht, ansprechend, würzig und anregend.

Grundrezept für Kräuter und Blüten

Zutaten für ca. fünf Liter

1 kg Kräuter oder Blüten · 4,25 l Wasser · 1,3 kg Zucker
15 g Zitronensäure · 2 g Hefenährsalz · 1 g Tannin · 1,5 g Kaliumdisulfit
1 g Trockenreinzuchthefe

Zubereitung

1 Kräuter: Unter fließendem kalten Wasser Schmutz, Staub, Insekten abspülen. Bei getrockneten Kräutern Zweige und andere Fremdkörper aussortieren. **Blüten:** Nur die Blütenblätter nehmen. Alle grünen Teile aussortieren. **2** Geben Sie die Kräuter in einen Kochtopf, fügen Sie zwei Liter Wasser hinzu, bringen Sie den Ansatz zum Köcheln (nicht kochen!) und lassen Sie ihn zwei bis sechs Stunden ziehen. Je länger er zieht, desto stärker wird er. Blütenblätter sollten nicht zu lange ziehen, da sie sonst zerfallen. **3** Lösen Sie in dem restlichen Wasser den Zucker auf und geben Sie das Wasser von den Kräutern/Blüten zusammen mit dem Zuckerwasser und den anderen Zutaten (außer Hefe) in das Gärgefäß. Lassen Sie den Ansatz 24 Stunden ziehen. **4** Messen Sie das Mostgewicht und die Säure und korrigieren Sie, falls erforderlich. Angestrebt werden sollten 100 – 130 °Oe und 8 – 10 g/l Säure. **5** Geben Sie die Hefe hinzu und verschließen Sie den Gärbehälter mit einem Gäraufsatz. **6** Wenn der Ansatz ca. 30 °Oe (drei bis fünf Tage) erreicht hat, ziehen Sie den Jungwein in ein anderes Gefäß um. **7** Nach einem Monat füllen Sie den Wein nochmals um. Danach lassen Sie ihn drei bis sechs Monate reifen, bevor Sie ihn auf Flaschen umziehen.

Kräuter sollten Sie am Vormittag, wenn der Morgentau abgetrocknet ist, ernten. Blüten pflücken Sie am besten am frühen Nachmittag, wenn sie voll aufgeblüht sind.

Löwenzahndessertwein

Zutaten für ca. fünf Liter

300 g Löwenzahnblütenblätter · 4,25 l Wasser · 1,3 kg Zucker
Saft von 3 ungespritzten Zitronen · Saft von 3 ungespritzten Orangen
200 g Rosinen (wahlweise, erhöht den Geschmack) · 2 g Hefenährsalz
1,5 g Kaliumdisulfit · 1 g Trockenreinzuchthefe

Der Löwenzahn ist eines der verbreitetsten Wiesenunkräuter aus der Gattung der Korbblüter. Als Wein schmeckt er leicht bitter.

Zubereitung

1 Die zarten Blütenblätter möglichst ohne zu waschen in den Gärbehälter geben. **2** Zucker auflösen und das Zuckerwasser kalt über die Blütenblätter geben. **3** Rosinen hacken und zusammen mit den anderen Zutaten in den Gärbehälter geben. **4** Den Gärbehälter mit einem Gäraufsatz verschließen. **5** Wenn der Ansatz einen Wert von unter 30 °Oe (drei bis vier Wochen) erreicht hat, ziehen Sie den Jungwein in ein anderes Gefäß um. Filtern Sie den Wein dabei durch ein bereitgelegtes Leinentuch. **6** Nach endgültiger Klärung verbessern Sie den Wein noch nach Ihrem Geschmack und ziehen ihn auf Flaschen ab. Sie werden erstaunt sein, wie gut – wenn auch mit etwas herben Aroma – das »Unkraut« Löwenzahn in Weinform schmeckt.

Fliederbeerenblütenwein

Zutaten für ca. fünf Liter

300 g Fliederbeerenblüten · 4,3 l Wasser · 1,3 kg Zucker
Saft von 3 Zitronen · 2 g Hefenährsalz · 1,5 g Kaliumdisulfit
1 g Trockenreinzuchthefe

Zubereitung

1 Die Blüten von den Stielen abzupfen und in einen Glasballon geben. Verwenden Sie keinen offenen Maischegärbehälter – es besteht Essigstichgefahr. **2** Führen Sie die Schritte 2 bis 6 wie bei Löwenzahndessertwein durch.

Anmerkung: Fliederbeerenblütenwein ist ein äußerst würziger Wein mit einem wunderbaren Bukett.

Honigwein

Man muss kein Germane sein, um sich für diese ganz besondere Weinart mit ihrem unvergleichlichen Geschmack zu begeistern.

Met

Zutaten für ca. fünf Liter

1,5 kg Honig · ca. 4,5 l Wasser (um den Ansatz auf 5 l aufzufüllen) · 1 Apfel
20 g 80 %ige Milchsäure · 2 g Hefenährsalz · 1,5 g Kaliumdisulfit
1 g Trockenreinzuchthefe

Zubereitung

1 Honig und Wasser in einem heißen Wasserbad miteinander vermischen und in einen Glasballon füllen. 1/10 als Steigraum freilassen. Den Glasballon vorher anwärmen und die Mischung langsam eingeben, damit der Glasballon nicht springt. **2** Nachdem der Ansatz auf unter 30 °C abgekühlt ist, geben Sie die anderen Zutaten hinzu und verschließen den Ballon mit einem Gäraufsatz. Während der Gärung (optimal 25 °C) täglich einmal gut durchschwenken. **3** Nach Beendigung der Gärung (bis drei Monate) von der Hefe in einen neuen Ballon abziehen, nachsüßen und würzen. **4** Wenn sich der Wein nach weiteren drei bis vier Monaten geklärt hat, auf Flaschen abziehen. **5** Mindestens ein Jahr reifen lassen. Manche lassen ihn sogar fünf Jahre reifen.

Anmerkung: Honig hat einen Zuckergehalt von rund 80 Prozent und muss, damit er gärfähig wird, mit Wasser verdünnt werden. Außerdem besitzt Honig keine Trubstoffe, die gärfördernd wirken. Sie müssen daher zugesetzt werden, z. B. durch Zugabe eines gepressten Apfels. Wichtig: Honigwein gelingt nur mit weichem Wasser. Steht Ihnen nur hartes Wasser zur Verfügung, sollten Sie das Wasser abkochen. Sie können den Met mit Nelken, Salbei, Muskatnuss, Thymian etc. würzen.

Zuletzt noch: Nur der beste Ausgangsstoff – sprich: reiner Imkerhonig – ergibt guten Wein.

Welche Honigsorte Sie für den Honigwein verwenden, hängt ganz von Ihrem Geschmack ab, ob Thymian-, Rosmarin-, Linden-, Wald-, Blüten- oder Akazienhonig.

Wein aus Trauben

Keltern Sie Wein aus Trauben und schenken Sie Ihren Freunden »reinen« Wein ein. Denn eigentlich ist nur Traubenwein richtiger Wein. Alle anderen »Weine« sind nur weinartige Getränke.

Den Traubenwein in Mitteleuropa haben wir den Römern zu verdanken: Sie brachten die Rebe in unsere Region und kultivierten den Weinanbau.

Kleine Weinkunde

Das Weingesetz von 1994 und die in Teilen noch gültigen Weingesetze von 1971 und 1930 schreiben die Weinherstellung bis ins kleinste Detail vor. Sogar Inhalt und Schriftgröße der Informationen auf dem Etikett der Weinflasche werden durch sie genau festgelegt. Wollten Sie Ihren Wein gewerblich vermarkten, müssten Sie sich buchstabengetreu an die einzelnen Bestimmungen halten. Ungeachtet der Weingesetze ist es für den Hobbywinzer jedoch selbstverständlich, einen möglichst naturreinen Wein zu keltern.

Das Weingesetz unterscheidet beim Etikett zwischen vorgeschriebenen und erlaubten Angaben. Erstere sind Herkunft, Alkoholgehalt, Qualitätsstufe, Abfüller und Menge. Jahrgang und Rebsorte sind erlaubte Angaben, ebenso Geschmack, Prämierungen, Weinsiegel oder prämierte Herkunftsbezeichnungen.

Über die Ursprünge des Weins

Wein ist neben Wasser wohl das älteste Getränk, das sich von Urzeiten bis heute im Wesentlichen unverändert erhalten hat. Bereits im Altertum gab es eine ähnliche Rebenvielfalt, wie wir sie heute kennen. Der Römer Vergil schreibt um die Mitte des ersten Jahrhunderts vor

Auch die Ägypter kelterten bereits Wein, wie diese Wandmalerei aus einem Grab in Theben zeigt.

Die wichtigsten Rebsorten

Weiße Trauben

- **Müller-Thurgau** – mittelgroße Traube mit großen ovalen gelblichgrünen Beeren
- **Riesling** – mittelgroße Traube mit runden, kleinen goldgelben Beeren
- **Silvaner** – mittelgroße Traube mit runden grünen Beeren
- **Kerner** – lockerbeerige Traube mit runden grünen Beeren
- **Scheurebe** – mittelgroße Traube mit gelbgrünen Beeren
- **Bacchus** – mittelgroße Traube mit gelbgrünen Beeren
- **Ruländer** – mittelgroße Traube mit verschiedenfarbigen Beeren
- **Morio-Muskat** – mittelgroße Traube mit grünen bis gelblichen Beeren
- **Faberrebe** – mittelgroße Traube mit länglichen grünen Beeren
- **Gutedel** – dichte bis lockere Traube mit gelbgrünen bis braunen Beeren
- **Burgunder, weißer** – kleine Traube mit kleinen bis mittelgroßen gelblichgrünen Beeren

Rote Trauben

- **Spätburgunder, blauer** – kleine Traube mit kleinen runden, dunkelblauen bis violetten Beeren
- **Portugieser, blauer** – große Traube mit schwarzblauen Beeren
- **Trollinger, blauer** – große Traube mit roten bis tiefblauen Beeren
- **Müllerrebe (Schwarzriesling)** – mittelgroße Traube mit schwarzblauen Beeren
- **Lemberger** – große Traube mit roten bis schwarzblauen Beeren

Ein zartes, honigartiges Bukett hat der auch »Grauer Burgunder« genannte Ruländer. Er wird vor allem in Baden angebaut.

unserer Zeitrechnung, dass es Rebsorten so zahllos wie Wüstensand gäbe. 1969 wurde in der Nähe von Damaskus eine ungefähr 8 000 Jahre alte Traubenpresse entdeckt. Für unsere mitteleuropäische Weinkultur sind im Wesentlichen die Römer verantwortlich. Sie bauten den von den Griechen in Frankreich eingeführten Wein aus und brachten die Reben nach Deutschland. Auf ihren Weinbergen wächst zum Teil heute noch Wein. Seine größte Ausdehnung hatte der Weinanbau in Deutschland im 16. und 17. Jahrhundert mit 350.000 Hektar. Durch Kriege, die Säkularisation und das Einschleppen von Weinkrankheiten aus der neuen Welt wurde der Weinanbau bis heute auf 100.000 Hektar verringert. Die klassischen deutschen Weinanbaugebiete sind heute: Baden, Württemberg, Franken, Mosel-Saar-Ruwer, Pfalz, Rheinhessen, Rheingau, Nahe, Mittelrhein, Hessische Bergstraße, Ahr, Sachsen und Saale-Unstrut.

Die Zubereitung von Rotwein

Sind Sie Besitzer eigener Reben, dann müssen Sie entscheiden, wann Sie die Lese beginnen wollen. Die Haupterntezeit liegt in Deutschland zwischen Mitte September und Ende Oktober. Manchmal reicht sie bis in den November hinein. Die September- und Oktobersonne bringt den Trauben besondere Süße. Jede Stunde Sonnenschein verbessert den Zuckergehalt in den Beeren und damit die Qualität des späteren Weins. Wenn Sie es schaffen, die Lese hinauszuschieben, bis Sie bei den Trauben 80 °Oechsle messen, haben Sie ein gutes Ergebnis erzielt. Planen Sie jedoch, Spätlese oder Auslese zu keltern, dann sind natürlich höhere Oechslewerte bis 130° wünschenswert.

Professionelle Winzer müssen ein sogenanntes »Herbstbuch« führen, in das sie das Lesegut eintragen, das für die Herstellung von Qualitätswein verwendet werden soll.

Traubenlese

Haben Sie den Tag des Lesebeginns festgelegt, gilt es die Ernte und die anschließende Verarbeitung der Trauben vorzubereiten. Alle Geräte und Behälter sowie die Einrichtung müssen auf Vollständigkeit, Verwendbarkeit und Sauberkeit überprüft werden.

Während der Lese sollten die Trauben so trocken wie möglich eingebracht werden. Feuchtigkeit durch Tau oder Regen verwässert die Maische und führt zu einem Verlust von einigen Oechslegraden. Krankhafte, von Insekten angefressene und faule Trauben sollten an Ort und Stelle aussortiert werden. Nur reife und gesunde Trauben ergeben einen gesunden und wohlschmeckenden Wein. Pflücken Sie nur die Trauben, die Sie sofort verarbeiten können. Wollen Sie Spät- oder Beerenauslese oder gar Eiswein keltern, bleiben die dafür vorgesehenen Trauben an der Rebe. Dadurch, dass die Rebe um einen Teil ihrer Last befreit ist, kann sie ihre ganze Kraft auf die verbliebenen Trauben konzentrieren und deren Qualität steigern. Um Eiswein zu gewinnen, muss die Temperatur für einige Zeit unter –7 °C gelegen haben. Je tiefer sie darunter sinkt, desto höher ist das Mostgewicht. Sind Sie nicht der glückliche Besitzer eines Weinbergs, dann versuchen Sie, Most von einer der vielen Winzergenossenschaften zu kaufen, und zwar direkt von der Presse. Kleinere Mengen wird man Ihnen sicher abgeben. Beim Großhändler gekaufte Weintrauben eignen sich nicht zum Weinkeltern.

Entrappen

Unter Entrappen wird das Abstreifen der einzelnen Beeren vom Stilgerüst, den Rappen, verstanden. Mit dem Entrappen soll verhindert werden, dass bei der Maischegärung zu viel Gerbstoff aus den Stielen gelöst wird und der Wein dadurch zu bitter schmecken könnte. In gewerblichen Betrieben geschieht das Entrappen mit Maschinen. Behelfen Sie sich mit einfachen Mitteln und bauen Sie sich ein Sieb, das genau auf Ihre Traubenmühle passt und aus verzinktem Draht sein sollte. Streichen Sie die Siebfläche sicherheitshalber mit Kelterlack ein, damit die Trauben nicht mit Metall in Berührung kommen. Nun reiben Sie die Trauben von Hand durch.

Die saubersten, reintönigsten Weine erhalten Sie durch Abbeeren und Keltern gleich am Erntetag.

Mahlen und Maischen

Sowie der Trichter der Mühle gefüllt ist, werden die entrappten Beeren gemahlen. Durch das Mahlen werden Beerenhaut, Saft, Fleisch sowie Kerne getrennt und Enzyme freigesetzt, die die Pektine abbauen. Wichtig ist, dass die Mahlwalzen der Mühle richtig eingestellt sind, damit die Kerne beim Mahlen nicht zerquetscht werden und giftige Blausäure in die Maische abgeben. Die Maische wird nun in den Maischebehälter gegeben und dort gesammelt, bis der Behälter maximal zwei Drittel gefüllt ist.
Um die Maische vor schädlichen Mikroorganismen zu schützen, kann sie mit zwei bis drei Gramm Kaliumdisulfit auf zehn Liter geschwefelt

werden. Zwei Drittel der Dosis werden zur Maische gegeben, ein Drittel später nach dem Pressen zum Most. Das Kaliumdisulfit sollte in etwas Saft aufgelöst werden, damit es einfacher untergemischt werden kann.

Nun wird die Maische sorgfältig abgedeckt über Nacht stehen gelassen. Während dieser Zeit wirken die fruchteigenen Enzyme auf die zerquetschten Zellen der Beeren und schließen sie auf. Die Saft-, Farb- und Aromaausbeute wird dadurch erhöht. Während des »Aufschließens« sollte die Maische an einem warmen Ort untergebracht sein, denn Standzeit und Temperatur haben entscheidenden Einfluss auf die Arbeit der Enzyme.

Die Menge des in den Trauben gebildeten Zuckers ist mit entscheidend für die spätere Qualität des Weins.

Mostgewicht und Säuregehalt

Entnehmen Sie von der Maische eine Saftprobe und bestimmen Sie das Mostgewicht und den Säuregehalt. Die Werte halten Sie in einem Weinbuch fest. Bei der Messung ist darauf zu achten, dass die Probe klar, d. h. ohne Trubstoff, ist, sich kein Schaum auf der Oberfläche befindet und 20 °C warm ist. Anhand der Tabelle auf Seite 42 kann der Alkoholgehalt der Probe bestimmt werden.

Nach dem deutschen Weingesetz darf kein Wein mit einem geringeren Mostgewicht als 44 °Oechsle gekeltert werden. In Baden liegt der Grenzwert sogar bei 50 °Oe. Auch als Hobbywinzer sollten Sie sich an diesen Wert halten. Jeder Wein, der unter 44 °Oe liegt, müsste so stark aufgebessert werden, dass er nicht mehr naturrein genannt werden kann.

Wollen Sie den Zuckergehalt des Mosts genau wissen, können Sie ihn aus dem Mostgewicht errechnen. Das Mostgewicht besteht aus Zucker- und Nichtzuckerstoffen. Um den Zuckergehalt im Most festzustellen, muss man also lediglich die Nichtzuckerstoffe von den aus dem Mostgewicht errechneten Zuckerstoffen abziehen. Da die Nichtzuckerstoffe mit der Oechslewaage allerdings nicht gemessen werden können, müssen sie geschätzt werden. Als Durchschnittswerte gelten:

- Most mit hohem Säureanteil = 30 g/l Nichtzuckerstoffe
- Most mit niedrigem Säureanteil = 25 g/l Nichtzuckerstoffe

Zuckeranteil zur Vergärung im Most

- **(Mostgewicht x 2,6 g/l) – Nichtzuckerstoffe**
  2,6 g/l Zucker werden benötigt, um das Mostgewicht um 1 °Oe zu erhöhen
  Beispiel: (60 °Oe x 2,6 g/l) – 25 g/l = 131 g/l

- **Ergebnis:** 131 g/l Zucker können zu Alkohol vergoren werden.

Maischegärung

Bevor die Maische anfangen kann zu gären, setzen Sie Trockenhefe in der erforderlichen Menge (Herstellerangaben berücksichtigen) mit der zehnfachen Menge Wasser/Most (Verhältnis 1:1) an. Nachdem die Hefe mindestens 15 Minuten lang rehydriert ist, wird sie zur Maische gegeben und sorgfältig verrührt.
Danach verschließen Sie den Gärbehälter mit einem Gäraufsatz, der wie vorgesehen mit Wasser gefüllt wird. Dreimal am Tag muss die Maische umgerührt werden. Dabei ist darauf zu achten, dass der Maischehut, der durch das aufsteigende Kohlendioxid nach oben gedrückt wird, zerteilt und nach unten gepresst wird.
Je gründlicher Sie bei diesem Vorgang sind, umso besser ist die Farbausbeute. Nach vier Tagen hat der Most normalerweise bereits eine kräftige rote Farbe bekommen.

Sie sollten die Maischegärung dann abschließen, wenn Sie glauben, dass genügend Saft abgepresst werden kann und er eine ausreichende Färbung hat.

Abziehen und Pressen

Nach fünf bis sieben Tagen ist ungefähr die Hälfte des Ausgangsmostgewichts vergoren und den Trauben ein Maximum an Farbstoff entzogen. Jetzt wird der Most abgezogen und in ein anderes Gärgefäß gefüllt.
Die Maische wird danach mit einer Pack-, Korb- oder Hydropresse abgepresst, und der zusätzliche Presssaft wird schließlich ebenfalls zum Most gefüllt.

Süßen

Nachdem der Most abgepresst ist, müssen Sie entscheiden, ob er unbehandelt weitervergären soll oder ob Sie ihn verbessern möchten. Grundsätzlich sollte man ihn so naturrein wie möglich belassen.
Wenn Sie die Messergebnisse aus den Maischeproben im Weinbuch notiert haben, wissen Sie, welches Mostgewicht und welchen Gesamtsäuregehalt die Maische hatte. Betragen die Werte über 75 °Oe und 10 g/l Gesamtsäure oder weniger, können Sie auf eine Verbesserung verzichten. Bei weniger als 75 °Oe werden Sie um das Nachsüßen nicht herumkommen. Den Zucker lösen Sie in etwa fünf bis zehn Prozent der Gesamtmenge Most auf und rühren die Mischung gründlich unter den Most (Vorwein).
Durch die Zuckerzugabe wird der Wein nicht etwa süßer, sondern er wird alkoholreicher. Wenn Sie den Wein auf ein Mostgewicht von 80 °Oe einstellen, dann haben Sie später einen Wein mit etwa zehn Prozent Vol. Alkohol.

In der Bundesrepublik Deutschland verbietet das Weingesetz die Zuckeranreicherung bei Qualitätsweinen mit Prädikat. Im Ausland sieht man das weniger streng.

Entsäuern

In unseren Breiten werden wir nicht immer optimales Erntewetter haben. In einem verregneten Herbst müssen Sie wahrscheinlich Trauben ernten, die noch nicht ausgereift sind. Ein Gesamtsäuregehalt von 15 g/l und mehr ist dann schnell erreicht. Dieser Säuregehalt würde aber den Wein so sauer schmecken lassen, dass er kaum genießbar wäre. Liegt der Gesamtsäuregehalt des Mostes über 10 g/l oder der des Weins über 8–9 g/l, sollten Sie auch als Hobbywinzer den Most oder den Wein entsäuern.
Die Säure im Most oder Wein setzt sich fast ausschließlich aus Äpfel- und Weinsäure zusammen. Die Weinsäure bildet sich vorwiegend während der Reifezeit der Trauben. Die Äpfelsäure nimmt dabei gleichzeitig ab. Bei vollreifen Weintrauben überwiegt eindeutig die Weinsäure, bei unreifen Trauben dagegen die Äpfelsäure. Bei nicht voll ausgereiften Trauben ist demnach der Anteil der Äpfelsäure am

Gesamtsäuregehalt höher als bei vollreifen Trauben. Ihre Aufgabe als Hobbywinzer ist es nun, mit der richtigen Methode den Säuregehalt auf ein geschmacklich akzeptierbares Maß zu senken. Sie sollten dabei den Most auf 10 g/l einstellen, da sich die Säure während der Gärung noch etwa um 2 g/l verringert.

Beachten Sie beim Entsäuern, dass sich der Säuregehalt während der Gärung noch leicht verringert.

Entsäuerung mit Hilfe von kohlensaurem Kalk (Kalziumkarbonat)

Diese Methode wird sowohl bei Most als auch bei dem aus vergorener Maische gepressten Vorwein angewandt. Mit dieser Methode kann nur die Weinsäure reduziert werden. Der Gesamtsäuregehalt lässt sich dabei nicht mehr als um ein Drittel senken. Um den Säuregehalt um 1 g/l abzusenken, werden 0,67 Gramm Kalk benötigt.

So reduzieren Sie den Säuregehalt

- Die Messung der Mostprobe gleich nach dem Mahlen der Trauben hat z. B. einen Gesamtsäuregehalt von **15 g/l** ergeben. Sie wollen den Säuregehalt auf **10 g/l**, also um **5 g/l** senken. Da Sie **35 Liter** Wein angesetzt haben, müssen Sie **35 l x 5 g/l = 175 g** Säure insgesamt neutralisieren. Dazu benötigen Sie **175 g x 0,67 = 117,25 g** Kalk.
- Das Entsäuern führen Sie am besten in einem offenen Gefäß durch, da es beim Vermischen zu starker Schaumbildung kommt. Befindet sich der Most bereits im Gärbehälter, ziehen Sie etwa 1/4 in ein offenes Gefäß ab, lösen den Kalk darin auf und geben ihn zu dem restlichen Most zurück. In aufgelöstem Zustand wird er beim Vermischen nur gering schäumen. Der Kalk bindet Teile der Weinsäure und setzt sie als Sediment am Boden ab. Den Kalk können Sie unbedenklich im Most belassen, bis der Jungwein von der Hefe abgezogen wird.

Doppelsalzfällung

Ist der Gehalt an Äpfelsäure im Most sehr hoch, ist die einfache Kalkentsäuerung wirkungslos. Dann kann nur mit der Doppelsalzfällung entsäuert werden. Diese Methode ist für den Hobbywinzer mit seinen

So entsäuern Sie mit der Doppelsalzfällung

- Der Kalk wird in ein offenes Gefäß gegeben und mit einer genau berechneten Teilmenge des Mostes vermischt. Die entsprechende Teilmenge ergibt sich aus folgender Überlegung:
- Sie haben z. B. einen Gesamtsäuregehalt von 18 g/l gemessen und wollen ihn auf 10 g/l, also um 8 g/l senken. Diese 8 g/l stellen, bezogen auf den Gesamtsäuregehalt von 18 g/l (100 %), 44 Prozent dar.
- Wenn Sie 44 Prozent der gesamten Mostmenge vollständig entsäuern und sie anschließend wieder unter die restlichen 56 Prozent Most mischen, dann sinkt der Gesamtsäuregehalt des Mostes auf 10 g/l. Also entnehmen Sie 44 Prozent von 35 Liter (entspricht 15,4 Liter bei 35 Liter angesetzten Wein) und vermischen sie unter ständigem Rühren mit dem Kalk. Wenn keine Kohlensäurebläschen mehr entweichen, hat der Kalk seine Aufgabe erfüllt.
- Die Mischung muss nun mit Hilfe eines Kieselgurfilters gereinigt werden, bevor sie zu dem restlichen Most zurückgegeben werden kann.

begrenzten Möglichkeiten nicht leicht durchzuführen. Allerdings kann bei der Doppelsalzfällung die Säure bis zur Hälfte neutralisiert werden. Es wird sowohl Äpfelsäure als auch Weinsäure abgebaut (daher der Name Doppelsalzfällung). Es wird ebenfalls kohlensaurer Kalk verwendet. Die Mengenberechnung erfolgt wie bei der einfachen Kalkentsäuerung.

Die einfache Kalkentsäuerung oder die Doppelsalzfällung sollten Sie der biologischen Weinentsäuerung vorziehen, weil sich der Most unkomplizierter behandeln lässt als der spätere Wein.

Biologische Weinentsäuerung

Am Ende der Gärung beginnt der biologische Säureabbau. Bakterien im Wein wandeln die Äpfelsäure in die weniger starke Milchsäure um. Sie benötigen zur Entwicklung und zum Leben die abgestorbenen Hefezellen. Bei dem Umwandlungsprozess entsteht Kohlendioxid, das dem Laien eine Gärung vortäuschen kann, obwohl diese bereits abgeschlossen ist. Der Abbau von 1 g/l Äpfelsäure verringert den Gesamtsäuregehalt des Weins um 0,5 g/l.

Wollen Sie diesen biologischen Prozess zum Säureabbau nutzen, können Sie ihn dadurch beschleunigen, dass Sie die Hefe aufrühren, die Temperatur auf über 20 °C anheben und den Jungwein nicht schwefeln. Beachten Sie aber, dass sich die Hefe zu zersetzen beginnt und den Geschmack des Weins negativ beeinflusst. Wollen Sie den biologischen Säureabbau nicht nutzen, sollten Sie den Wein sofort nach der Gärung auf Flaschen abziehen.

Nachdem der Most angereichert und entsäuert ist – sofern diese Maßnahmen für nötig erachtet wurden –, wird das restliche Drittel Schwefel aufgelöst und in den Most gegeben.

Endvergärung

Der Most wird mit einem Gäraufsatz verschlossen und zur Endvergärung in einen kühleren, abgedunkelten Raum gebracht. Sie können den Gärverlauf verfolgen, indem Sie das Mostgewicht von Zeit zu Zeit messen.

Die Abnahme von 1 °Oe entspricht ungefähr der Zunahme des Alkohols um 1 g/l.

Die Messdaten (Tag und Oechslegrade) sollten Sie wieder in Ihr Weinbuch eintragen. Sie können daraus den Verlauf der Gärung bewerten. Sollten Sie im nächsten Jahr den gleichen Wein ansetzen, haben Sie Vergleichsdaten.

Wenn Sie nicht gerade einen schweren Wein mit Mostgewichten von über 120 °Oe ansetzen, sollten Sie darauf achten, dass der Wein zügig vergärt. Sollte die Gärung wider Erwarten einmal nicht wie geplant verlaufen, kann sie mit folgenden Maßnahmen beschleunigt oder verlangsamt werden:

1. Beschleunigen

- Die Gärtemperatur auf ca. 25 °C erhöhen
- Die Hefe durch gründliches Umrühren verteilen und zu neuer Arbeit anregen
- Nährsalze zusetzen
- Trockenhefe, die Sie in einer anderen Flüssigkeit vermehrt haben, zusetzen

2. Verlangsamen

- Die Gärtemperatur auf unter 10 °C absenken
- Trub und Hefe durch Klären verringern
- Alkohol zusetzen (in Deutschland verboten)

Zum Ende der Gärung wird sich immer mehr verbrauchte Hefe am Boden absetzen. Je weniger die Hefe arbeitet, desto niedriger wird auch die Abgabe an Kohlendioxid und Wärme. Der schützende Kohlendioxidschild über dem Wein nimmt ab. Gleichzeitig kann der beim Abkühlen entstehende Unterdruck im Ballon das Wasser aus dem Gäraufsatz in den Gärbehälter saugen – insbesondere, wenn Sie einen Siphon verwenden. Unerwünschter Sauerstoff kann eindringen. Sie müssen dies auf jeden Fall verhindern, indem Sie den Gärbehälter häufig überprüfen und den Gäraufsatz, falls erforderlich, sofort nachfüllen. Sie können am Ende der Gärung den nicht mehr benötigten Steigraum auch mit einem Füllwein auffüllen. Der Füllwein kann ein Wein aus dem letzten Jahr sein. Durch das Nachfüllen bis fast auf Spundhöhe verringern Sie die Angriffsfläche für den Sauerstoff und damit für schädliche Mikroorganismen. Etwas Steigraum sollte jedoch frei bleiben, da der Wein immer noch ein wenig vergärt.

Schönung und Stabilisation des Weins werden je nach Notwendigkeit durchgeführt, indem Stoffe zugeführt werden, die Trubteilchen anziehen oder einhüllen.

Der erste Abstich

Ist die Gärung beendet, wird der Wein von den Trubstoffen abgezogen. Beim Abziehen sollten Sie darauf achten, dass der Wein möglichst wenig mit Sauerstoff in Kontakt kommt. Das Abziehen selbst geschieht wie beim Fruchtwein (siehe Seite 70).

Stabilisieren

Nach dem Abziehen sollte der Jungwein geschwefelt werden. Damit freie schweflige Säure in ausreichendem Umfang vorhanden ist, sollte mit einem Gramm Kaliumdisulfit auf zehn Liter geschwefelt werden. Eine zweite mögliche Maßnahme, den Wein zu stabilisieren, ist das Schönen, d. h. das Klären des Weins.
Normalerweise klärt sich der Wein, wenn Sie ihm ausreichend Zeit geben, von selbst. In der kommerziellen Kellerwirtschaft werden zur Klärung des Weins anstelle von Zeit Seperatoren, Kieselgur- und

Schichtfilteranlagen eingesetzt. Sie als Hobbywinzer haben Zeit und können es sich erlauben, den Wein auf natürliche Weise reifen und klären zu lassen. Falls Sie trotzdem schönen wollen, richten Sie sich nach der Beschreibung auf Seite 74.

Aufbesserung

Jetzt ist auch Gelegenheit, den Wein anzureichern und eine Säurefeinabstimmung vorzunehmen. Allerdings können beide Maßnahmen am wirkungsvollsten beim Most/Vorwein durchgeführt werden. Das Anreichern und die Säurefeinabstimmung erfolgen, wie auf Seite 66 beschrieben.

Umgärung

In der zweiten Gärung wird der dem Wein zugesetzte Zucker zu Alkohol vergoren.

Mit der Umgärung verarbeiten Sie den erst jetzt zugeführten Zucker durch eine zweite Gärung zu Alkohol. Um die Umgärung zu starten, müssen Sie die Gärtemperatur auf über 15 °C anheben und neue Hefe zugeben. Nach Beendigung der Gärung muss der Jungwein sofort von der abgestorbenen Hefe abgezogen werden, um eine Milchsäuregärung zu vermeiden. Ist der Wein spundvoll in einen neuen Behälter umgefüllt, wird der Behälter mit einem Gäraufsatz verschlossen. Der Wein braucht jetzt nichts weiter als Ruhe. Die noch vorhandenen Hefereste werden die noch verfügbaren Zuckerreste zu Ende vergären, die restlichen Trubteile sinken zu Boden, und Weinstein lagert sich ab. Jetzt reift der Wein und bildet sein unverwechselbares Aroma und die Geschmacksstoffe aus. Alle paar Tage sollten Sie den Ballon kontrollieren. Entnehmen Sie vorsichtig Proben und messen Sie die freie schweflige Säure, die sich bei 20 g/l stabilisieren sollte. Sollte sie darunter liegen, müssen Sie nachschwefeln.

Faustregel: Halten Sie den Behälter immer spundvoll gefüllt. Die bei den Proben entnommenen Flüssigkeitsmengen müssen Sie durch Füllwein ausgleichen.

Der zweite Abstich

Wie lange der Wein zum Reifen braucht, lässt sich schwer sagen. Doch im März oder April dürfte er komplett vergoren und geklärt sein. Auf jeden Fall sollten Weine mit niedrigem Alkohol- und Säuregehalt möglichst vor Beginn der warmen Jahreszeit abgezogen sein. Die während des Sommers auch im Keller zu erwartenden Temperaturschwankungen dürften sie kaum unbeschadet überstehen. Schwere Dessertweine sind wegen ihres hohen Alkoholgehaltes nicht so anfällig. Füllen Sie also den Wein im späten Frühjahr in Flaschen um. Falls noch nicht alle Trubstoffe abgelagert sind, können Sie ihn auch in Abständen von zwei bis drei Wochen mehrmals umziehen. Doch Vorsicht: Mit dem häufigen Umfüllen verliert der Wein an Spritzigkeit.

Nehmen wir an, Sie hatten Ihren Most auf etwa 105 °Oechsle angereichert und die Gärung verlief wie geplant, dann dürften Sie jetzt einen durchgegorenen, trockenen Wein haben.

Mögen Sie ihn lieber etwas lieblicher, dann bietet sich jetzt die letzte Gelegenheit, ihn geschmacklich aufzubessern.

Die »Behandlung« eines Weins mit Süßreserven erfordert einige Erfahrung.

Die Süßreserve

Eine Möglichkeit, um die Süße und die Farbe zu verbessern, ist die Verwendung von Süßreserven. Es ist ein Verfahren, das der Hobbywinzer in der Regel nicht anwenden wird. Doch der Vollständigkeit halber soll diese Methode hier kurz dargestellt werden. Eine Süßreserve herzustellen geht von der Überlegung aus, dass der Rotwein während der Gärung einen Teil seiner Farbe verliert. Mit der Süßreserve soll dieser Farbverlust wieder aufgehoben und der Wein gleichzeitig gesüßt werden. Die Süßreserve wird aus der Maische gewonnen. Bevor die Maische vergärt, teilt man etwa 20 Prozent ab, erhitzt den Teil und presst ihn aus. Der so gewonnene Saft enthält viele Farbstoffe. Er wird anschließend wie Süßmost behandelt, d. h., er wird geklärt, geschönt, filtriert, geschwefelt und keimfrei aufbewahrt. Vor dem Umfüllen des Weins auf Flaschen »verbessern« Sie den Wein mit der Süßreserve.

Wie bei allen anderen Verbesserungsmaßnahmen, die Sie zu diesem Zeitpunkt noch ergreifen, sollten Sie sehr vorsichtig vorgehen. Probieren Sie jede Maßnahme erst an einer Probe aus, bevor Sie den gesamten Wein behandeln.
Sie können die Zugabe an Süßreserve auch relativ einfach mit Hilfe der Kreuzformel rechnerisch ermitteln.

Falls Sie noch keinen Taschenrechner besitzen, legen Sie sich zumindest für die Kreuzformel einen zu – das sollte Ihnen Ihr Wein wert sein!

Kreuzformel zur Berechnung der Zugabe von Süßreserven

● **Beispiel:** Sie haben 35 Liter Rotwein mit einem Zuckergehalt von 3 g/l und wollen ihn auf eine Restsüße von 20 g/l einstellen. Die Süßreserve hat einen Zuckergehalt von 180 g/l. Die Frage ist: Wie viel Süßreserve müssen Sie zum Wein geben, um 20 g/l Restsüße zu erhalten?

A = 3 ↖ ↗ **D = X**
C = 20
B = 180 ↙ ↘ **E = Y**

A gibt den Restzucker Ihres Weins an
B gibt den Restzucker der Süßreserve an
C entspricht der gewünschten Restsüße
X und **Y** ergeben das Mischverhältnis für den Wein und die Süßreserve, wobei **X** für den Wert des Weins und **Y** für die Süßreserve steht.
Gerechnet wird über Kreuz. Der kleinere Wert wird vom größeren abgezogen.
C – A = E, das ergibt **Y = 20 – 3 = 17** (17 Einheiten Süßreserve werden benötigt).
B – C = D, das ergibt **X = 180 – 20 = 160** (160 Einheiten Wein werden benötigt).
Ergebnis: Wenn zu 160 Litern Wein à 3 g/l Zuckergehalt 17 Liter Süßreserve à 180 g/l Zuckergehalt gegeben werden, ergibt das den gewünschten Zuckergehalt von 20 g/l. Nun werden aber nicht 160 Liter, sondern z. B. nur 35 Liter Wein gesüßt. Die notwendige Süßreserve für 35 Liter Wein errechnet sich wie folgt:
35 : 160 = X : 17
X = (35 : 160) x 17 = 3,72 (X steht für die gesuchte Menge an Süßreserve)

Es werden also 3,71 Liter Süßreserve benötigt, um 35 Liter Wein auf 20 g/l Zuckergehalt zu verbessern.

Bestimmung des Mischungsverhältnisses für eine Probe

Sie wollen an einer Probe von 100 Milliliter feststellen, ob der gewünschte Zuckergehalt von 20 g/l Ihren Vorstellungen entspricht. Bei der Berechnung gehen Sie folgendermaßen vor:

160 l Wein + 17 l Süßreserve ergeben 177 l Gesamtmenge
160 l bezogen auf 177 l = 90,4 % (160:177) x 100 = 90,4 %
17 l bezogen auf 177 l = 9,6 % (17:177) x 100 = 9,6 %

Ergebnis: Für die Probe von 100 ml werden, um einen Zuckergehalt von 20 g/l zu erreichen, 90,4 ml Wein und 9,6 ml Süßreserve benötigt.

Verschneiden

Eine andere Methode, den Wein trinkreif zu machen, ist das Verschneiden (siehe Seite 71). Hierzu nehmen Sie einen süßeren Wein und vermischen ihn in einem bestimmten Verhältnis mit dem Grundwein. Da das Mischverfahren der Verbesserung mit einer Süßreserve gleicht, können Sie die Mischung ebenfalls mit der Kreuzformel berechnen. Aber auch hierbei sollten Sie erst eine Probe mischen und dann Ihren Gaumen »befragen«, ob er mit dem Rechenergebnis einverstanden ist.

»Befragen« Sie in jedem Fall Ihren Gaumen beim Verschneiden, ob Ihr Taschenrechner sich bei der Berechnung der Kreuzformel auch nicht »geirrt« hat.

Flaschenabfüllung

Das Abfüllen des Weins auf Flaschen gewährleistet den besten Schutz vor schädlichen Mikroorganismen. Hierfür müssen alle Geräte sowie die Flaschen einwandfrei sauber und mit zweiprozentiger schwefliger Säure sterilisiert worden sein. Spülen Sie die Flaschen nach dem Sterilisieren nicht mit frischem Wasser aus, sondern lassen Sie sie abtropfen. Danach gehen Sie vor, wie auf Seite 72 beschrieben.

Die Zubereitung von Weißwein

Auch bei der Weißweinzubereitung gilt der Grundsatz, je gesünder und reifer die Trauben, desto besser der Wein und desto weniger Schwefel ist erforderlich.
Mit einigen geringfügigen Ausnahmen verläuft die Weißweinkelterung wie die Herstellung des Rotweins.

Die Weißweinbereitung unterscheidet sich nur zu Beginn des Herstellungsprozesses von der Rotweinbereitung, bei der zuerst die Farbstoffe der roten Trauben gelöst werden müssen.

Unterschiede zur Rotweinkelterung

1. Kein Entrappen
Ein Entrappen der Trauben ist nicht erforderlich. Im Gegenteil: Die Rappen und Kämme sind beim Pressen nützlich. Sie verhindern, dass die Maische zu einer festen Masse zusammengepresst wird, und ermöglichen so einen besseren Abfluss des Saftes. Sie brauchen nicht zu befürchten, dass aus den Stielen, Kämmen und Rappen zu viel Gerbstoffe in den Saft gelangen und den späteren Wein dadurch braun und bitter werden lassen. Die Gerb- und Farbstoffe werden beim Rotwein erst bei der Vergärung der Maische durch den Alkohol gewonnen. Da der Saft der weißen Trauben aber sofort nach dem Mahlen gepresst wird, besteht diese Gefahr nicht.

2. Die sofortige Pressung der Maische
Da die Maische sofort nach dem Mahlen gepresst wird, braucht sie nicht geschwefelt, gesüßt, aufgesäuert oder entsäuert zu werden. Die Verbesserungen werden erst beim Most vorgenommen.

3. Die Vorklärung des Mosts
Der frisch gepresste Saft (Most) wird zunächst in einem gesonderten Gefäß gesammelt. Eine Probe wird entnommen, um das Mostgewicht

und die Gesamtsäure zu bestimmen. Die Messergebnisse tragen Sie in Ihr Weinbuch ein. Der Most wird nun mit 0,5–1 Gramm Kaliumdisulfit auf zehn Liter geschwefelt. Enthält der Wein viele Trubstoffe, kann er vorgeklärt (entschleimt) werden.
Die Vorklärung geschieht dadurch, dass der Most mehrere Stunden in einem geschlossenen Behälter ruht. Die Trubstoffe und Eiweißfäden können sich so absetzen. Eine Ruhephase bis zu sechs Stunden ergibt eine leichte, zwischen sechs und zwölf Stunden eine normale und bis zu 24 Stunden eine starke Vorklärung. Das Entschleimen ist für die Herstellung eines guten Weins nicht unbedingt erforderlich, aber zu empfehlen. Am Ende der Standzeit wird der Most in den Gärbehälter abgezogen.

Die Entfernung von Eiweißstoffen, die zu Nachtrübungen führen können, geschieht am besten durch Bentonite (hoch quellfähige Tone), die aufgrund ihrer negativen Ladung die positiv geladenen Eiweißteilchen ausflocken oder ausfällen.

Schönen mit Bentonit

Möchten Sie den Most schönen, sollten Sie den Gärbehälter nur bis zu zwei Drittel füllen, bevor Sie das Bentonit zugeben (siehe Seite 75). Besondere Standzeiten oder Temperaturen sind beim Einsatz von Bentonit nicht zu beachten. Es braucht vor dem Gären auch nicht aus dem Most entfernt zu werden, sondern kann bis zum ersten Abstich im Gärbehälter bleiben. Für die Entschleimung des Mostes wird eisenarmes, granuliertes Kalzium-Bentonit genommen. Die Menge braucht nicht exakt bestimmt zu werden. Für zehn Liter dürften 20 Gramm reichen. Der Most soll nicht völlig entschleimt werden, um die Gärung nicht zu behindern. Außerdem kann nach dem ersten Abstich noch eine weitere Behandlung mit Bentonit erfolgen, um die letzten Trubstoffe, die sich erst während der Gärphase bilden, zu entfernen. Diese Trubstoffe enthalten unter anderem auch die für Kopfschmerzen verantwortlichen Amine. Das Bentonit wird mit etwas Wasser verquollen und dem Most im Gärbehälter zugesetzt. Nach der Zugabe des Bentonits wird der Most gegebenenfalls angereichert und säuremäßig abgestimmt. Der Most erhält nun nochmals 0,5 Gramm pro zehn Liter Kaliumdisulfit und wird mit der entsprechenden Menge Trockenhefe versetzt. Danach wird der Gärbehälter luftdicht verschlossen, der Gäraufsatz eingesetzt und mit Wasser gefüllt.

4. Die stürmischere Gärung

Die stürmische Gärphase ist temperamentvoller als bei der Rotweingärung, da keine Maischevorgärung stattgefunden hat. Ansonsten entspricht der weitere Verlauf der Weißweinzubereitung dem der Rotweinherstellung. Wie beim Rotwein, so kann auch beim Weißwein die Trinkreife mit einer Süßzugabe eingestellt werden. In diesem Fall handelt es sich natürlich ausschließlich um eine Süßreserve aus Traubenmost.

5. Die Verschneidemöglichkeiten

Verschnitt wird von Verbrauchern oft abschätzig beurteilt. Viele Weine von Weltruf wie Bordeaux, Port und Sherry entstehen jedoch aus der Kunst des Verschneidens.

Noch stärker als beim Rotwein kann bei der Herstellung von Weißwein eine Verbesserung des Grundweines durch Verschneiden erreicht werden. Als Hobbywinzer sind Ihre Hände nicht durch die strikten Weinbestimmungen gebunden.

Die Zubereitung von Roséwein

Die Zubereitung von Rosé- oder Weißherbstweinen folgt Schritt für Schritt der Weißweinherstellung. Der einzige Unterschied besteht darin, dass Sie anstelle von Weißweintrauben Rotweintrauben, bevorzugt Spätburgunder, keltern und die Maische nicht sofort nach dem Mahlen pressen. Um die zartrosa Farbe zu erhalten, lassen Sie die Maische etwa zwölf Stunden stehen, bevor Sie sie abpressen. In diesem Fall sollte die Maische aus Sicherheitsgründen geschwefelt werden.

Weinfehler und Weinkrankheiten

Unter Fehlern werden allgemein Mängel verstanden, die durch chemische oder physikalische Reaktionen hervorgerufen wurden. Als Fehler bezeichnet man beispielsweise jeden störenden oder unerwünschten Geschmack wie Schimmel oder Fäule. Auch das Oxidieren und die von Trübungen begleiteten Farbänderungen sind Fehler, die auf chemischen Reaktionen des Weins beruhen und nachträglich nur noch vom Fachmann beseitigt oder zumindest teilweise »repariert« werden können. Krankheiten werden durch Bakterien oder andere Mikroorganismen verursacht. Beides richtig zu »diagnostizieren« und zu behandeln setzt eine große Erfahrung voraus. Als Neueinsteiger sollten Sie erst gar nicht versuchen, an Ihrem misslungenen Wein herumzudoktern. Wenn Sie ihn unbedingt retten wollen, senden Sie eine Weinprobe an ein Weinlabor (Adresse Seite 124). Lassen Sie ihn dort untersuchen und sich genaue Behandlungsanweisungen geben.

Fehler und Krankheiten

Fehler

- **Brauner Bruch** – äußert sich durch bräunliche Farbe, süßlichen Geruch und bitteren Geschmack. Er wird im Wesentlichen durch faule Früchte und Berührung der Früchte, des Mostes oder des Weins mit Metallteilen verursacht.
- **Weißer Bruch** – wird durch Kontakt mit Eisen verursacht. Der Wein wirkt trübe wie ein Schleier.
- **Kupfertrübung** – ist eine feine weißliche bis rötliche Trübung, die durch Kontakt mit Kupfer hervorgerufen wird.
- **Hefetrübung** – tritt auf, wenn der Wein bereits auf Flaschen gefüllt ist und sich nicht genügend freie schweflige Säure zur Stabilisation im Wein befindet.
- **Bökser** – tritt vorwiegend auf, wenn der Wein zu lange auf der Hefe stehen bleibt. Der Wein riecht nach faulen Eiern und hat eine unschöne Farbe.

Krankheiten

- **Essigstich** – wird durch Essigbakterien verursacht. Der Wein schmeckt säuerlich und kratzend. Der Essigstich kann durch keine Rettungsmaßnahme beseitigt werden.
- **Milchsäurestich** – wird durch Milchsäure, die sich aus Kohlenhydraten bildet, verursacht. Der Wein schmeckt bitter.
- **Kahmigwerden** – tritt vor allem auf, wenn zum Ende der Gärung die schützende Kohlendioxidschicht über dem Wein abnimmt. Die Kahmhefe siedelt sich auf der Oberfläche des Weins an und verleiht ihm einen unangenehmen Geschmack.

Natürlich gibt es noch andere Fehler, Krankheiten und Mängel, doch die obige Aufstellung zeigt, dass sich diese durch sorgfältiges Arbeiten, peinliche Sauberkeit und sachgerechtes Schwefeln meist vermeiden lassen.

Weinfehler sind Veränderungen, die bei der Gewinnung, Bereitung und Lagerung auftreten und meist auf »Unterlassungssünden« zurückzuführen sind. Weinkrankheiten haben mikrobiologische Ursachen.

Glossar

Abbeeren Die Beeren von den Kämmen (Stielen und Rispen) entfernen.

Abstich Trennen des Jungweins nach der Gärung von der Hefe durch Umfüllen in einen neuen Gärbehälter oder in Flaschen.

Abziehen Der Jungwein wird nach der Gärung von der Hefe getrennt.

Acetaldehyd bildet sich beim Gärverlauf und bindet den zur Keimabtötung nötigen Schwefel an sich.

Alkohol bildet sich zusammen mit Kohlendioxid bei der Maische- oder Mostvergärung durch die Umwandlung des Zuckers (Alkoholische Gärung).

Amine Organische Verbindungen, die als Basen mit Säuren Salze bilden und nach dem Weingenuss Kopfschmerzen verursachen können.

Antigeliermittel Sie spalten Pektin auf, das für den Zusammenhalt des Safts und des Fruchtfleischs verantwortlich ist. Aus einer mit Antigeliermittel behandelten Maische lässt sich wesentlich leichter Saft abpressen.

Äpfelsäure ist eine oganische Säure in unreifen Äpfeln, aber auch im Wein, die zusammen mit der Weinsäure den Säuregehalt der Trauben bildet.

Aufbesserung Verfeinern des Mostes durch Einstellen des Zucker- und Säuregehalts.

Ausbau Spontane Vorgänge nach der Gärung wie das Ausscheiden von Weinstein oder der biologische Säureabbau, aber auch gezielte Maßnahmen wie Abstich, Schwefeln, Filtrieren etc.

Bakterien gehören zu den Mikroorganismen und können die Weingärung stören und behindern.

Bernsteinsäure ist eine organische Säure, die sich bei der Gärung bildet, und ist Bestandteil vieler Pflanzen.

Doppelsalzfällung Methode zur Verringerung des Gesamtsäuregehalts, bei der durch Zugabe von kohlensaurem Kalk Äpfel- und Weinsäure abgebaut werden.

Entrappen Abstreifen der Beeren vom Stilgerüst (den Rappen).

Entsäuern Verringern des Säuregehalts eines Mostes durch Verdünnung oder durch Ausfällen der Wein- und/oder der Äpfelsäure mit Hilfe von kohlensaurem Kalk (vgl. Doppelsalzfällung).

Essigsäure Organische Säure aus der Reihe der Fettsäuren, die bei der Umwandlung des Alkohols durch Essigsäurebakterien entsteht.

Freie schweflige Säure Teil der schwefligen Säure im Most, in der Maische oder im Wein. Sie ist nicht durch Gärnebenprodukte gebunden und ist daher frei für die Bekämpfung von schädlichen Mikroorganismen.

Fruchtwein Aus Obst, Gemüse, Kräuter, Blüten gekelterter Wein.

Gärgase bestehen vor allem aus Kohlendioxid und bilden sich bei der durch Gärhefen verursachten Umwandlung des Zuckers in Alkohol.

Gärhefe ist eine zur Maische oder zum Most zugesetzte Weinhefe. Als Gärhefen werden Trocken- oder Flüssighefen verwendet. Gärhefen sind spezielle Weinzuchthefen, die unter Ausschluss von Sauerstoff arbeiten.

Gerbstoffe sind Bestandteile der Stiele, Kerne und Häute von Trauben und Früchten.

Gesamtsäure Sie wird in Gramm pro Liter (g/l) gemessen und gibt Auskunft über den Säuregehalt des Mostes, der Maische und des Weins.

Glycerin gehört zu den Alkoholen und bildet sich im Verlauf der alkoholischen Gärung. Glycerin beeinflusst stark den Körper, die Fülle und Vollmundigkeit des Weins.

Hefenährsalze sind Stickstoffverbindungen (Ammoniumphosphate), die der Gärhefe helfen, auch stickstoffarme Maischen zu vergären.

Jungwein Nach dem ersten Abstich abgezogener Wein.

Kaliumdisulfit auch Kaliumpyrosulfit, Kalifit oder Kalfit genannt, wird zur Schwefelung der Maische und des Mostes eingesetzt. Zusammen mit Wasser, Zitronen- oder Milchsäure wird es zur Herstellung einer schwefligen Säure verwendet, mit der die Kelterwerkzeuge sterilisiert werden können.

Kelterlack Zur Abdeckung von Metall verwendeter Lack. Kämen Früchte in Berührung mit Metallteilen, würde dies eine unerwünschte Oxidation auslösen.

Keltern Das Auspressen des Saftes aus den Trauben.

Kohlendioxid (CO_2) bildet sich als Gärgas bei der Umwandlung des Zuckers in Alkohol.

Kohlensaurer Kalk (Kalziumkarbonat) wird zur Entsäuerung benötigt und bindet einen Teil der Weinsäure.

Kreuzformel Methode zur Berechnung der benötigten Menge an Süßreserve.

Maische Fruchtmus, das aus dem festen und flüssigen Anteil der gemahlenen oder gepressten Früchte besteht.

Maischehut entsteht während der Maischegärung und wird von dem aufsteigenden Kohlendioxid gebildet.

Mikroorganismen Oberbegriff für Bakterien, Pilze und Hefen.

Milchsäure entsteht durch die Kohlenhydrate abbauenden Milchsäurebakterien. Bei der Milchsäuregärung bilden sich vor allem Milchsäure und Kohlendioxid.

Mineralstoffe Mineralische Bestandteile eines Organismus (z. B. aus den Elementen Kalium, Kalzium, Natrium. Magnesium, Eisen, Kupfer, Zink u. v. a.).

Mostgewicht gibt den Zuckergehalt des Mostes an und muss bei Wein mindestens 44 °Grad Oechsle betragen.

Nasszuckerung Aufbesserung des Zuckergehalts, indem Zucker in heißem Wasser aufgelöst der Maische zugegeben wird. Durch diese Verdünnung verändert sich der ursprüngliche Zucker- und Säuregehalt der Maische.

Oechsle Maßeinheit für die physikalische Dichte des Mostes. In Grad Oechsle wird der Zuckergehalt des Mostes angegeben.

Oxidationsenzyme lassen den Wein braun werden; sie entstehen beim Kontakt des Mostes oder des Weins mit Sauerstoff.

Pektinase Natürliches Pektin spaltendes Enzym, das wesentlich langsamer als die üblichen Antigeliermittel wirkt.

Pektin Natürliches Kohlenhydrat in Früchten und Beeren, gewährleistet den Zusammenhalt des Saftes und des Fruchtfleisches. Pektin behindert die Saft-, Farb- und Aromaausbeute bei der Maischegärung.

Rehydrieren Entzogene Flüssigkeit wird wieder zugeführt. Trockenhefe muss vor ihrer Verwendung rehydriert werden.

Säuregehalt bestimmt maßgeblich die geschmacklichen Qualitäten des Weins.
Schönen bedeutet den Wein »aufbessern« und stabilisieren mit Hilfe von Schönungsmitteln, die die Klärung des Weins beschleunigen und verhindern, dass der Wein in der Flasche eintrübt. Unter Schönen versteht man aber auch Farbverbesserungen und die Behandlung von Weinkrankheiten.
Schwebstoffe Im Most vorhandene Trub- und Eiweißstoffe.
Schwefeln Das Haltbarmachen von Most, Maische und Wein oder das Sterilisieren von Keltergeräten mit Hilfe der Schwefligen Säure.
Schweflige Säure wird als zweiprozentige schweflige Säure aus Kaliumdisulfit, Wasser und Zitronen- oder Milchsäure hergestellt und für die Sterilisation von Keltergeräten eingesetzt.
Steigraum Der oberste Teil des Gärballons, der für die Ausdehnung der Gärstoffe freigelassen werden sollte.
Süßreserve Aus der frisch abgepressten Maische hergestellter Süßmost, der dazu dient, die Süße eines Weins aufzubessern.
Trester oder Tresterkuchen Die nach der Pressung zusammengedrückten Schalen, Stiele und Rispen der Trauben oder Früchte.
Trockenzuckerung Verbesserung des Zuckergehalts durch Zugabe von Zucker in die Maische. Der Säuregehalt verändert sich nicht.
Trubstoffe sind Schwebeteile im frisch vergorenen Wein, die sich im weiteren Verlauf der Gärung am Boden ablagern.
Umgärung Sie leitet eine weitere Gärung nach dem ersten Abstich ein, um den Alkoholgehalt zu erhöhen. Dabei wird dem Jungwein erneut Zucker und Hefe zugeführt.
Verschneiden Der Wein wird durch Zugabe eines anderen Weins geschmacklich verbessert bzw. verändert.
Vorwein Most, der aus der vergorenen Maische gepresst wird.
Weinsäure Sie bildet sich bei der Reife der Trauben. Sind die Trauben vollreif, überwiegt die Weinsäure gegenüber der Äpfelsäure.
Weinstein ist das Salz der Weinsäure und lagert sich vor allem nach der zweiten Gärung als kleine Kristalle am Boden ab.
Zitronensäure Sie wird eingesetzt, um den Säuregehalt eines Fruchtweins zu regulieren.

Bezugsadressen

Bei den folgenden Adressen können Sie allgemeine Kellereibedarfsartikel (vom Maischebehälter bis zum Weinglas) bestellen; spezielle Angebotsschwerpunkte werden zusätzlich genannt.

Richard Wagner GmbH & Co. KG, Albiger Straße 17, 55232 Alzey, Tel: 0 67 31/9 66 20: Hefen, Weinlaboranalysen
Bockmeyer Kellerei-Technik, Zementwerk 3, 72622 Nürtigen, Tel: 0 70 22/3 11 69; Fax: 0 70 22/3 11 23
Albert Pfäffle GmbH, Gymnasiumstraße 73, 74072 Heilbronn, Tel: 0 71 31/ 8 45 89: Reinzuchthefe
Schliessmann Kellerei-Chemie GmbH & Co. KG, Postfach 10 05 64, Auwiesenstraße 5, 74505 Schwäbisch Hall, Tel: 07 81/7 20 25 26; Fax: 07 81/20 25 26: Reinzuchthefen, Laborausrüstung
ReKru, Betznauer Straße 28, 88079 Kressbronn, Tel: 0 75 43/77 44; Fax: 0 75 43/51 33: Brennerei-, Kellerei- und Mostereibedarf
Paul Arauner GmbH & Co. KG, Postfach 349, Wörthstraße 34–36, 97306 Kitzingen, Tel: 0 93 21/1 35 00; Fax: 0 93 21/80 02: Hefen, Weinlaboranalysen

Literatur

Arauner, Paul: Kitzinger Weinbuch, Kitzingen 1990
Ambrosi, Hans: Wein von A bis Z, München 1992
Arnold, A./Reibetanz R.: Obstwein selbst gemacht, Düsseldorf 1987
Binder, Egon M.: Fruchtwein, Most, München/Wien/Zürich 1993
Gast, Arbo: Wein und Saft aus Obst und Beeren, München 1983
Gölz, Rainer: Hausmachers Weinbuch, Weinheim 1995
Jakob Dr., Ludwig: Kellerwirtschaft, Mainz 1996
Maury Dr., E. A.: Gesund mit Wein, Bern 1977
Snoek, Helmut: Das Buch vom biologischen Weinbau, Cham 1996
Thönges, Heinrich: Fruchtsäfte, Weine, Liköre, Stuttgart 1996
Trost, G.: Technologie des Weins – Handbuch der Lebensmitteltechnologie, Stuttgart 1981

Bildnachweis

AKG, Berlin: 101; Bilderberg, Hamburg: 1 (Klaus-D. Francke), 43 li. (Frieder Blickle), 64 (Milan Horacek); Das Fotoarchiv, Essen: 52 (Toma Babovic); Diaagentur Elke Stolt, Ahrensburg: 100 (Peter Legler); Eckert Astrid, München: 8, 17 (2), 18 (2), 20 (4), 21 (4), 23 (4), 24 (4), 27 (4), 37; Kerth Ulrich, München: Titelbild (Fond u. Einkl.), U4, 43 re.; Südwest Verlag, München ©: 78, 79, 82, 83, 84, 85, 88, 89, 90, 92, 95, 96, 97, 99; Tony Stone, München: 28 (Gary Holscher); Visum, Hamburg: 47 (Günter Beer)

Anmerkung der Redaktion

Diesem Buch liegt die im Juli 1996 in Wien beschlossene und ab 1.8.1998 verbindliche Neuregelung der deutschen Rechtschreibung zu Grunde.

Hinweis

Das vorliegende Buch ist sorgfältig erarbeitet worden. Dennoch erfolgen alle Angaben ohne Gewähr. Weder Autor noch Verlag können für eventuelle Nachteile oder Schäden, die aus den im Buch gemachten Hinweisen resultieren, eine Haftung übernehmen.

Impressum

Redaktion: Julei M. Habisreutinger, Antje Eszerski, Dr. Hermann Ehmann
Projektleitung: Sandra Klaucke
Redaktionsleitung: Dr. Reinhard Pietsch
Bildredaktion: Sabine Kestler
Produktion: Manfred Metzger
Umschlag: Till Eiden
Layout: Wolfgang Lehner
DTP/Satz: Irmi Putterer, München
Druck: Weber-Offset, München
Bindung: R. Oldenbourg, München

Printed in Germany
Gedruckt auf chlor- und säurearmem Papier

ISBN 3-7787-3604-3

Rezeptregister

Sachregister